LA COCINA DEL FIN DEL MUNDO

Patagonia y Tierra del Fuego

LA COCINA DEL FIN DEL MUNDO

Patagonia y Tierra del Fuego

Recopilación de Jesús Fernández

ESPAÑOL-FRANÇAIS-ENGLISH

Segunda edición: noviembre de 2002
ISBN: 987-97491-1-1

Diseño de tapa: *Jesús Fernández*
Recopilación: *Jesús Fernández*
Diseño de interiores: *Gabriel Cieri - Virginia López Paszkowicz*

© 2002, Virreynato Libros
Queda hecho el depósito que marca la ley 11.723
Impreso en Argentina - Printed in Argentina

Prohibida la reproducción total o parcial de esta publicación sin permiso previo del autor

A modo de Prólogo

Casi todos los Libros de Cocina tienen como único objetivo enseñar a satisfacer el paladar de sus lectores. Este, en cambio, se ha concebido no sólo teniendo incorporada esta misión, sino que también posee otras de gran importancia, entre ellas, y la que más hemos querido resaltar, es sin lugar a dudas, llevar a otros lugares del mundo e inclusive a toda nuestra Argentina, una costumbre lugareña, sobre las variedades más identificativas de la cocina de una parte de nuestra tierra.

Patagonia y Tierra del Fuego, una Región imponente por sus bellezas naturales. Su extensa geografía, su vegetación, sus lagos, ríos, montañas y el más azul de los mares bañando toda la costa Sur Este, hacen que sea un lugar para ser vivido en todo y cada uno de los sentidos.

A pesar de ser la zona más joven de nuestro país en cuanto a poblamiento se refiere y a la de menor cantidad de habitantes por kilómetro cuadrado, tiene una infinita variedad de comidas dulces y saladas y una muy buena y exquisita cocina de alta categoría. Por ello, y teniendo en cuenta que seria imposible e interminable enumerarlas a todas, hemos seleccionado las que más nos han gustado para esta primera Edición.

Cabe señalar que en todo el sur argentino se puede observar, en su gente y a simple vista, la gran influencia inmigratoria de países limítrofes y del resto del mundo. Esto hace también que se vea bastante reflejado en la alimentación diaria de sus pobladores. Los inmigrantes han aportado, conocimiento y mucho esfuerzo. Junto a ellos, la tierra agradecida los cobijó y arraigó. De esta manera podemos observar hoy todo lo realizado tanto por ellos como por los lugareños, que juntos, con mucho sacrificio y trabajo han construido... Un lugar en el mundo, ...Un hermoso lugar en el mundo.

Seguidamente y en cuanto a comida se refiere, muchos de los condimentos han ido variando o siendo suplantados por otros. Así también hemos visto que varios de ellos antes no existían y hoy, gracias a la mano del hombre, son representativos del lugar. Por todo ello y por la magia de esta zona hemos decidido realizar y también con mucho esfuerzo y ganas, un Libro en el cual modestamente podamos reflejar la comida patagónica y fueguina.

Lamentablemente debimos obviar muchas recetas: las de todos los días, que sin restarle importancia por su sabor y variedad son las más conocidas. Lo importante en nuestro caso fue enseñarles las más alejadas del pensamiento de la gente, aquellas rescatadas del olvido, aquellas que hacen que hoy persistan los que las transmitieron a los de su propia sangre, aquellas que están alimentando lugares remotos de nuestra tierra, aquellas que sin lugar a dudas están haciendo su propia historia.

Para muchos no existe una cocina auténticamente Patagónica y Fueguina; nosotros no compartimos esa opinión por una infinita variedad de razones, entre ellas, y muy común, ha sido la de heredar muchas veces recetas familiares de otras partes de la Tierra y que para llevarlas a la practica en esta parte del mundo «La más Austral» han debido poner muchísimo ingenio en variar los ingredientes y la manera de prepararlos. Experimentar año tras año con fracasos y aciertos, hasta dar con el gusto justo, el gusto de la zona, el olor de la tierra. Hubo alguien que comentó... «Este condimento se encuentra por todos lados... Pero hace muchos años atrás, allá por el 1940 lo había semhrado mi abuelo»...

Por todo esto nos animamos a esta aventura, que daría seguramente para hacer otro libro y explicarles cuál ha sido nuestra gran experiencia, entre montañas, ríos, lugares inimaginables, mucho barro, nieve, lluvia, días y noches manejando, tratando de llegar a todos lados "Sanos"... Y con el vehículo entero...

Pero cómo diría mi abuelito, el esfuerzo tiene sus resultados y nosotros les presentamos aquí unas magníficas y riquísimas recetas, algunas muy secretas ... Hasta hoy...

Por último quisiéramos decirles que vale la pena leerlo y llevar a la práctica estas delicias recopiladas con mucho sacrificio y trabajo.

...Ah, no queremos olvidarnos del que no nos quiso dar la receta, se llamaba... De cualquier manera es importante agradecer a quienes nos brindaron toda su gentileza contándonos sus pequeños grandes secretos, heredados o propios; así también un fuerte agradecimiento a los Establecimientos dedicados a la Gastronomia y a la Naturaleza que siempre estuvo de nuestro lado.

JESÚS FERNÁNDEZ

En guise de prologue

Apprendre à satisfaire le palais du lecteur est le seule objectif de presque tous les livres de cuisine. Cette ocuvre a été conçue en ayant incorporé non seulement ce hut-là, mais aussi d'autres très importants. Parmi eux, nous voulons remarquer le propos de faire connaître les variétés les plus représentatives de notre cuisine en toute notre Argentine et aussi aux autres pays du monde.

La Patagonie, avecla Terre du Feu, composent une région imposante en raison de sa beauté naturelle et de sa vaste géographie; sa végétation, ses lacs, rivières et montagnes et la plus bleue des mers baignant la côte Sud-Est en font un endroit pour y vivre dans tous les sens.

Bien qu'il s'agisse de la région la plus jeune de notre pays en ce qui concerne le peuplement, et celle de la moindre quantité d'habitants pour kilomètre carré, la Patagonie possède une infinie variété de repas doux et salés, ainsi qu'une exquise cuisine de haute catégorie. Puisque ce serait impossihle d'en incorporer toutes les recettes, nous avons selectionné pour cette première édition celles qui nous ont plu le plus.

Il faut souligner qu'on peut observer dans tout le Sud argentin la grande influence immigratoire des pays limitrophes et du reste du monde, qu'on voit réfléchie dans l'alimentation des hahitants. Les immigrants ont apporté beaucoup d'efforts et de connaissances, et la terre, reconnaissante, les a accueillis et enracinés. Immigrants et paysans, travaillant ensemble, ont battu, à force d'efforts et de sacrifices, un très beau endroit au monde.

En ce qui concerne les repas, beaucoup de condiments ont varié ou ont été remplacés; il y en a aussi d'autres qu'auparavant n'existaient pas et qu'aujourd'hui, grâce à la main de l'homme, sont représentatifs de la région. C'est pour cela, et aussi en vertu de la magie patagonique, que nous avons décidé faire, avec beaucoup d'efforts et de volonté, un livre dans lequel nous pouvons montrer la cuisine patagonique et fuégienne.

Il est à regretter que nous avions dû omettre beaucoup de recettes de cuisine de tous les jours; mais on doit reconnaître, sans nier pour cela leur saveur et variété, qu'elles sont très connues, et l'important c'est de recueillir les plus éloignées de la pensée des gens, et d'arracher à l'oubli celles qui nourrissent des endroits lointains de notre terre, celles qui sans doute font leur propre histoire.

Pour beaucoup de gens, la cuisine authéntiquement patagonique et fuégienne n'existe pas; nous nepartageons pas cet avis. On a hérité des recettes familiales d'autres parties de la terre; pour les mettre en oeuvre dans cette partie du monde, la plus australe, on a dû employer beaucoup d'habileté en variant les ingrédients et les manières de les préparer. On a experimenté, une année après l'autre, avec échecs et réussites, jusqu'à obtention du goût juste, celui de la région, l'odeur de la terre... Quelqu'un m'a raconté: "on trouve ce condiment partout, mais il y a beaucoup d'ans, vers 1940, c'était mon grand-père qui l'a semé."

C'est pour tout cela que nous sommes décidés à entreprendre cette aventure, qui pourrait fournir du matériel pour un autre livre, dans lequel nous vous raconterions notre grande expérience parmi montages, rivières, endroits inimaginables, beaucoup de boue, de neige et de pluie, en conduisant jour et nuit, cherchant à arriver sain et sauf, et avec la voiture entière.

Mais, comme dirait mon grand-père, l'effort réussit, et nous vous présentons maintenant des recettes magnifiques ef exquises; quelques unes étaient très secrètes... jusqu'aujourd'hui.

Enfin, nous voulons vous dire qu'il vaut l'effort de le lire et de mettre en pratique ces délices compilées avec beaucoup d'efforts et de sacrifices.

Nous ne voulons pas oublier celui qui n'a pas voulu nous donner sa recette; il s'appelait... De toute façon, l'important c'est de remercier ceux qui nous ont rendu leur gentillesse en nos racontant leurs petits grand secrets, propres ou hérités, ainsi qu' exprimer une très grande reconnaissance aux établissements dediés à la gastronomie, et aussi à la Nature qui a toujours été de notre part.

Jesús Fernández

To Foreword manner

Almost all the Cooking Books, have as an unique objective to teach to satisfy the palate of their readers; this one, on the other hand has been conceived not only incorporating this mission, but it also holds others of great importance, among the mand to that one that we have wanted to stand out, it is doubtless to carry on to other places of the world and even to our all Argentina, a folk custom, about the most identifying varieties of the cooking of a part of our land.

Patagonia and Tierra del Fuego, an imposing Region for its natural beauties with its extensive geography, vegetation, Iakes, rivers, mountains and the most blue of the seas bathing the whole south eastern coast, does of it a lively place for all and every one of the senses.

In spite of being the youngest area of our country as referred to population and to the smallest quantity of residents per square kilometer, it has in spite of all an infinite variety of sweet and salted meals and a very good and exquisite high class cooking; that is the reason why, and keeping in mind that it would be impossible and endless to enumerate all of them, tha we have chosen those we have liked best for this first Edition.

It fits to point out that in the whole Argentinean south, in their people and at first sight it can be observed the great immigratory influence of bordering countries and the rest of the word, this also turns out to be reflected and a lot of it in the daily feeding of their residents. The immigrants have contributed with knowledge and a lot of effort, next to them, the grateful land that sheltered and rooted them. On this way we can observe today, all that carried out so much for them as for the villagers who have built themselves together with a lot of sacrifice and work.. A place in the world,... A beautiful place in the world.

Subsequently and as for meal refers, many of the condiments have gone varying or being supplanted for other, but likewise we have yet seen that several of them didn't exist before. And today thanks to man's hand they are representative of the place. For all that and for the magic of this area we have decided to carry out, and also with a lot of effort and desire, a Book in which we can modestly reflect the patagonic and fueguine cooking.

Unfortunately we should obviate many recipes, those of every day which without subtracting importance from their knowledge and variety are the most well-known; and the important thing in this case is to take those farther away from the thought of the rest of the people, those rescued from oblivion, those which for today many of these people Iive, those which are feeding remote places of our Iand, those which without giving place to doubts are making their own history.

For many a genuinely Patagonic and Fueguine cooking does not exist; we don't share that opinion, for an infinite variety of reasons, among them, and very commonly, it has been the one of inheriting many times the family recipes of other parts of the Earth and for getting them into practice in this part of the world. «The southern most» they should have put a lot of genius in varying the ingredients and the way of preparing them to experience year after year with failures and successes, until giving with the right taste, the area taste, the scent of the land. There was somebody who commented.. this condiment is in all sides,... but many years ago, there for 1940 my grandfather had sowed it.

For all this we cheer up to this adventure that would surely give to make another book and to explain to you what our great experience has been, among mountains, rivers, unimaginable places, a lot of mud, snow, rain, days and nights driving by, trying to arrive to everywhere «Healthy»... and with the whole vehicle...

But as my grandaddy would say, the effort has its results and here we present to you some magnificent and delicious recipes, some of them very secret ones... until today....

Finally we should like to tell you that it is worth to be read and to take into practice these delicacies collected with much sacrifice and work.

... Oh, we don't want to forget the one who didn't want to give us the recipe whose name was..... any way it is important to thank to aü those who offered us all their gentleness tetling us their small big secrets, owned or inherited; as well as a strong gratefulness to the Establishments devoted to Gastronomy and Nature that always was on our side.

Jesús Fernández

Provincia de La Pampa

Carré de cerdo con salsa de ciruelas

Ingredientes
Carré de cerdo 1
Mostaza 1 cucharada
Panceta ahumada 200 grs.
Coñac 1 chorrito
Aceite 1 chorrito
Sal y pimienta a gusto

Salsa
Cebolla 1
Ajo 1 cabeza
Morrón rojo 1
Manteca 50 grs.
Ciruelas s/carozo 250 grs.
Agua 1 vaso
Coñac 1 vaso

Preparación
   Condimentar el carré de cerdo con sal y pimienta, luego untarlo con la mostaza, dejarlos sazonar, rociar eon aceite y coñac. Luego poner al horno a temperatura fuerte unos 20 minutos. A esta altura de la cocción cubrir la superficie del carré con las fetas de panceta, seguir cocinando unos 5 minutos más y agregar la salsa de ciruelas en forma de lluvia.
   Cocinar hasta que la carne esté a punto. Acompañar con papas al natural.

Preparación de ia salsa
   Colocar en una sartén la manteca ya derretida, incorporar la eebolla, el morrón y el ajo picados, rehogar unos minutos, salpimentar a gusto. Agregar una cucharada de azúcar y las ciruelas previamente remojadas, cocinar a fuego lento unos 8 minutos; añadir un vaso de agua y otro de coñac, una vez evaporado el alcohol apagar el fuego.

Don Andrés
GraL Pico

Carré de porc aux pruneaux

Ingrédients

Carré de porc 1
Lard fumé 200 g.
Cuillerée de moutarde 1
Huile
Cognac
Sel, poivre

Ingrédients pour la sauce

Oignon 1
Tête d'ail 1
Poivron rouge 1
Pruneaux dé noyautés 25Og.
Verre de cognac 1
Beurre 5Og.

Préparation

Salez et poivrez le carré, tartinez-le avec la moutarde, laissez assaisonner. Arrosez avec l'huile et le cognac et faites cuire au four vif pendant environ 20 minutes. Mettez par-dessus les tranches de lard et poursuivez la cuisson encore 5 minutes. Nappez avec la sauce aux pruneaux et faites cuire jusqu'à ce que la viande soit à point. Accompagnez de pommes de terre vapeun.

Préparation de la sauce

Mettez dans une poêle le beurre déjà fondu. Jetez-y l'oignon, le poivron et l'ail finement hachés, et faites-les rissoler quelques minutes. Salez et poivrez à votre goût. Ajoutez une cuillerée de sucre et les pruneaux préalablement trempés, et faites cuire à feu doux pendant 8 minutes. Arrosez avec le cognac et ajoutez un verre d'eau. Lorsque l'alcool s'est évaporé, éteignez le fèu.

Pig Carré with sauce of plums

Ingredients

Carré of pig 1
Mustard 1 spoonful
Smoked bacon 200 grs.
Salt and pepper to taste
Cognac 1 small gush
Oil 1 small gush

Sauce

Onion 1
Garlic 1 bulb
Red pepper 1
Butter 5O grs.
Plums without seeds 250 grs.
Water 1 glass
Cognac 1 glass

Preparation

Season the pig carré with salt and pepper, then anoint it with the mustard, to allow it seasoning, dew with oil and cognac. Then put it into the oven to high temperature about 20 minutes. To this time of cooking cover the carre surface with bacon slices, then go on cooking about 5 minutes more adding the sauce of plums in rain form. Cook until the meat is on point.
Accompany with natural potatoes.

Sauce preparation

Place in a frying pan the butter already melted, add the onion, the pepper and the chopped garlic, braise some minutes, salt and pepper to taste. Add a spoonful of sugar and the previously soaked plums, then cook with slow flame about 8 minutes; add a glass of water and another of cognac, once evaporated the alcohol put out the flame.

Chorizos pampeanos caseros

Ingredientes
Carne de cerdo 10 kg.
Tocino 1 1/2 kg.
Nuez moscada molida 1
Vino blanco seco 500 cc.
Ajo 1/Z cabeza
Sal parrillera 250 grs.
Pimienta blanca molida 45 grs.

Preparación
   Pasar la carne y la grasa por la picadora para obtener el tamaño del picado deseado. Colocar en una bandeja profunda. Preparar por otro lado todos los condimentos, mezclarlos bien, incorporarlos a la carne en forma de lluvia, mezclar y amasar. Dejar reposar. Mientras tanto, hervir el vino con el ajo machacado, durante unos IS minutos.
   Dejar enfriar y posteriormente colar.
   Incorporar el vino saborizado al pastón, amasar y mezclar hasta conseguir el punto ideal.
   Embutir en tripa de vacuno y atar.

Don Polo

Chorizos pampéens

Ingrédients

Viande de porc 10 kg.
Lard 1 1/2 kg.
Tête d'ail 1/2
Vin blanc sec 500 cc.
Noix muscade râpée 1
Sel (pour le gril) 250 g.
Poivre blanc en poudre 45 g.

Préparation

Faites passer la viande et la graisse à l'hachoir jusqu'à obtention de l'hachis désiré. Mettez celui-ci sur un plateau profond. D'autre part, mélangez bien tous les condiments et en nappez le hachis. Mélangez et pétrissez. Laissez reposen. Pendant ce temps, faites bouillir le vin avec l'áil pilé pendant 15 minutes environ. Laissez refroidir, puis passez au chinois. Arrosez le hachis avec le vin à l'ail, pétrissez et mélangez jusqu'à obtention du point désiré. Introduisez dans des boyaux de vache et liez.

Pampean homemade chorizos (sausages)

Ingredients

Meat of pig 10 kg.
Bacon 1 1/2 kg.
Ground nutmeg 1
Dry white wine 500 cc.
Garlic 1/2 bulb
White ground pepper 45 grs.
Grill salt 250 grs.

Preparation

Mince the meat and the fat in the mincer to obtain the size of the wanted chop. Put them on a deep tray. Prepare apart all the condiments, mix them well, incorporate them to the meat in rain form, mix and knead. Allow to rest. Meanwhile boil the wine with the mashed garlic, during about 15 minutes.
Allow to cool and later on strain.
Incorporate the flavoured wine to the dough, knead and mix until getting the ideal point. Stuff in bovine gut and tie.

Locro

Ingredientes
Maíz en grano 500 g.
Patitas y cueritos de cerdo SUO g.
Morrdongo en tiritas 20U g.
Carne de vaca en trocitos S00 g.
Panceta en trocitos 1S g.
Chorizos colorados en trocitos 200 c.
Chinchulines en pedacitos 200 g.
Tripa gorda en ruedìtas de 2 cm. 200 g.
Zapallo en cubos 600 g.
Puerro picado 2 unidades
Cebolla de verdeo picada 3 unidades
Batatas en trozos pequeños 2 unidades
Pimentón 2 cucharadas colmadas
Ají molido pimienta y sal, a gusto

Preparación

Lavar el maíz y colocarlo en una cacerola con unos cuatro litros de agua, dejarlos en remojo hasta el otro día. Pasado este lapso, poner la olla a fuego bajo y cocinar hasta lograr su media cocción, mientras tanto en otra olla colocar todas las carnes, cubrir con agua y dar un hervor para desgrasar; escurrir y colocarlas junto al maíz cocinando unos 35 minutos.

Después de este tiempo incorporar la batata, el zapallo, el puerro y la cebolla de verdeo; probar y sazonar a gusto con sal y pimienta, tapar y seguir cocinando a fuego medio una hora más. Mientras se va cocinando en una sartén, derretir un poco de grasa de cerdo, rehogar una de las 3 cebollas de verdeo bien picadas agregarle las dos cucharadas de pimentón, mezclar bien con cuchara de madera e incorporar 1/2 taza de agua, hacer hervir y agregar al locro unos minutos antes de servir.

Doña Carmen Artiaga
Santa Rosa

Locro

Ingrédients

Grains de maïs 500 g./Pattes et de counnes de porc 500 g./Gras-double coupé en fines lanières 200 g./Viande de vache coupée en petits morceaux 500g./Lard 15 g./Chorizos colorados coupés en petits morceaux 200 g./Citrouille coupée en cubes 600 g./Poireaux hachés 2 /Jeunes oignons hachés 3/Patates douces coupées en petits morceaux 2/ Cuillerées pleines de poivron rouge en poudre 2 /Chili en poudre, sel, poivre

Préparation

Lavez les grains de maïs, mettez-les dans une marmite avec 4 litres d'eau froide et faites-les tremper pendant 24 heures. Faites-les cuire alors à petit feu jusqu'à demi-cuisson. Pendant ce temps, mettez toutes les viandes dans une autre marmite, couvrez d'eau et portez à ébullition pour dégraisser. Égouttez les viandes, mettez-les avec le maïs et faites cuire pendant 35 minutes. Incorporez les patates douces, la citrouille, les poireaux et deux jeunes oignons. Salez et poivrez à votre goût, saupoudrez de chili en poudre, mettez le couvercle et poursuivez la cuisson à feu moyen pendant une heure. Pendant ce temps, fait fondre un peu de saindoux dans une poêle, faites-y revenir le jeune oignon restant; ajoutez le poivron rouge en poudre. Mélangez avec une cuiller en bois. Arrosez avec une demitasse d'eau, portez à ébullition. En nappez le locro quelques minutes avant de servir.

Locro

Ingredients

Corn in grain 500 g. /Pig trotters and leathers 500 g./ Tripe in ribbons 200 g./Cow meat in small pieces 500 g./Bacon in small pieces 15 g./Red chorizo (sausages) in small slices 200 g./Intestines in small pieces 200 g./Fat, gut in 2 cm wheels 200 g./Squash in cubes 600 g./Chopped leek 2 units/Chopped green onion 3 units/ Sweet potatoes in small pieces 2 units/ Paprika 2 full spoonfuls/ Ground pepper and salt, to taste

Preparation

Wash the corn and put it in a saucepan with about four liters of water, leave it soaking until the other day. Once passed this time, put the potto low flame and cook until achieving a half cooking, mean while in another pot place all the meats, cover with water and boil to diminish fat; drain and put them next to the corn cooking about 35 minutes.
After this time incorporate the sweet potatoes, the squash, the leek and the green onion; taste it and season to taste with salt and pepper, cover and continue cooking to half flame one more hour. While it is cooking in a frying pan, melt some pig fat, braise one of the 3 green onions well chopped adding the two spoonfuls of paprika, mix well with wooden tablespoon and incorporate 1/2 cup of water, boil and add them to the locro some minutes before serving.

Morcilla casera salada

Ingredientes
*Cabeza de chancho 1
Cueros de chancho
Nuez moscada 1
Cebolla de verdeo (picada muy fina) 700 grs.
Sangre de cerdo 2 litros
Sal 1/2 kg.
Pimienta blanca 40 grs*

Preparación
En un recipiente bien grande hervir en agua la cabeza y los cueros de un chancho; cocinar a fuego fuerte hasta que los mismos estén tiernos.

Apagar y dejar enfriar.

Posteriormente retirar todos los restos blandos de la cabeza y picar las cueritos, como así también la cebolla de verdeo, y colocamos todo en una fuente profunda, agregamos los condimentos seleccionados y añadimos la sangre. Mezclar bien y embutir en tripa de vaca, atar y colocarlas unos minutos en agua hirviendo hasta lograr que la sangre se coagule.

Sacar y colgar.

*Para lograr morcillas dulces, agregar a esta preparación 100 g de nueces picadas no muy fcnas
1 1/2 kg. de azúcar
150 g. de pasas de uva

Don Antonio
<u>GraL Acha</u>

Boudin salé

Ingrédients

Tête de porc 1
Couennes de porc
Sang de porc 2 l.
Jeune oignon, très finement haché 700 g.
Noix muscade 1
Sel 1/2 kg.
Poivre blanc 40 g.

Préparation

Dans un récipient assez grand faites cuire àl'eau latéte et les couennes de porc; chauffez à feu fort jusqu'à ce que le tout soit tendre. Éteignez le feu et laissez reposer. Retirez les restes mous de la téte; hachez Ies couennes et le jeune oignon. Disposez le tout sur un plat profond, assaisonnez et ajoutez le sang. Mélangez soigneusement et mettez Ia préparation dans des boyaux. Liez et trempez dans l'eau bouillante pendant quelques minutes jusqu'à ce que le sang coagule. Retirez et suspendez pour faire séchen. Si vouz désirez obtenir des boudins doux, ajoutez à la préparation 100 g de noix pas très finement hachées, 1 1/2 kg de sucre et 15O g de raisins secs.

Salted homemade morcilla (black sausage)

Ingredients

Head of pig 1
Pig leathers
Salt 1/2 kg.
White pepper 40 grs.
Nutmeg 1
Spring onion (very finely chopped) 700 grs.
Blood of pig 2 liters

Preparation

Add and put them selected and we add the blood.
Mix well and stuff in cow gut, to tie and place them some minutes in water boiling until achieving that the blood clots.
Take out and hang them.
To achieve sweet black sausages, add to this recipe:
Nuts chopped not so finely 100 g., 1/2 kg. of sugar and 15O g. of grape raisins.

Pollo al barro

Ingredientes
Pollo 1
Cebolla 1
Morrón rojo 1
Limón exprimido 1
Barro (cantidad suficiente)
Pimienta y sal a gusto

Preparación
Proceder a limpiar muy bien el pollo, condimentarlo a gusto y sazonarlo con la sal, la pimienta y el limón, tanto por dentro como por fuera. Luego; pelar la cebolla y cortar en tiras gruesas el morrón, (rojo) y colocarlos en su interior. Envolver el pollo en papel de aluminio o papel manteca; se le pueden agregar otras capas de otros papeles. Añadir a éstos el barro realizado con tierra y agua, hasta que tenga un buen espesor, 8 cm aproximadaments Colocar el pollo en el horno durante unas 2 0 3 horas, en lo posible dejar enfriar dentro del horno. Posteriormente, golpeando las paredes del envoltorio cubierto de barro, éste se romperá. Restará retirar los papeles y ya se podrá comer.

Poulet à la boue

Ingrédients

Poulet 1
Oignon 1
Poivron rouge 1
Le jus d' un citron
Sel, poivre
Boue (quantité suffisante)

Préparation

Videz le poulet, ajoutez des épices selon vos goûts. Assaisonnez-le en dedans et en dehors avec sel, poivre et jus de citron. Épluchez l'oignon, coupez le poivron rouge en grossez lanières, en emplissez l'intérieur du poulet. Enveloppez-le dans un morceau d'áluminium ménager ou de papier sulfurisé; vous pouvez ajouter aussi d'autres couches de papien. Ajoutez ensuite de la boue jusqu'á obtention d'une épaisseur de 8 cm environ. Faites cuire au fourpendant 2 ou 3 heures environ; Iaissez refroidir dans le four autant que possible.
Puis frappez les parois du paquet boue pour le casser. Enlevez les papiers; le poulet sera prêt à manger.

Chicken to the mud

Ingredients

Chicken 1
Onion 1
Red sweet pepper 1
Squeezed lemon 1
Mud (enough quantity)
Pepper and salt to taste

Preparation

Proceed to clean the chicken very well, seasoning it to taste and seasoning it with the salt, the pepper and the lemon, so much inside as on the outside. Then, peel the onion and cut the sweet red pepper in thick ribbons placing them inside.
Wrap the chicken in aluminum foil or butter foil; other foil layers can be added. Add to these the mud made with land and water, until it be of a good thickness, 8 cm approximately. Put the chicken in an oven during 2 or 3 hours, allow cooling inside the oven as much as possible. Later on, hitting the walls of the wrapping covered with mud, this will break. It will be left to retire the foils and it will be able to eat.

Puchero

Ingredientes
Carne tierna 1 kg.
Choclos grandes 2
Panceta 100 grs
Cebollas 2
Zanahorias grandes 2
Batatas 2
Papas 2
Zapallitos del tronco 2
Zapallo amarillo 1/2
Puerro 1
Cebolla de verdeo 1
Acelga 1/2 kg.
Orégano (ramita)
Sal y pimienta a gusto

Preparación

Coloear en una olla grande cuatro litros de agua, una vez que rompió el hervor, colocar la carne, la panceta, la sal, la cebolla, una hoja de orégano fresco y una pizca de pimienta. Cocinar a fuego medio hasta que la carne esté casi a punto, aquí agregarle las zanahorias, el puerro picado, la cebolla de verdeo cortada finamente, y el resto de las verduras lavadas y peladas (se recomienda colocar las verduras enteras). Seguir cocinando a fuego medio hasta que todo esté a punto, tomando como referencia las zanahorias y las papas, que son las que mayor tiempo de cocción necesitan.

Servir caliente

Acompañar con mayonesa, aceite, vinagre u otros condimentos.

Sra. Silvia Rosas

Pot au feu

Ingrédients

Viande tendre 1 kg.
Épis de maïs 2 grandes
Lard 100 g.
Oignons 2
Carottes 2 grandes
Patates douces 2
Pommes de terre 2
Courgettes 2
Citrouille 1/2
Poireau 1
Jeune oignon 1
Feuilles de bettes 1/2 kg.
Branche d'origan 1
Sel, poivre

Préparation

Faites chauffer dans une grande marmite 4 litres d'eau. Au moment de l'ébullition, mettez la viande, le lard, l'oignon, une feuille d'origan frais, du sel et une pincée de poivre. Faites cuire à feu moyen jusqu'à ce que la viande soit presque à point. Ajoutez les carottes, le poireau haché, le jeune oignon finement haché et le reste des légumes qui ont été lavés et épluchés. Il est recommandé de les mettre tout entiers. Poursuivez la cuisson à feu moyen jusqu'à ce que le tout soit à point. Prenez comme référence les carottes et les pommes de terre, dont le temps de cuisson est le plus long. Servez chaud.
Assaisonnez avec mayonnaise, vinaigrette ou d'autres condiments de votre choix.

*Puchero

Ingredients

Tender meat 1 kg.
Big corn 2
Bacon 100 grs.
Onions 2
Large carrots 2
Sweet potatoes 2
Potatoes 2
Small gourd 2
Yellowgourd 1/2 kg.
Leek 1
Spring onion 1
Chard 1/2 kg.
Oregano (twig)
Salt and pepper

Preparation

Put 4 l. water into a big pot, once boiling point breaks, place the meat, bacnn, salt, onion, a leaf of fresh oregano and pepper pinch. Cook to middle flame until meat is in the wright point.
Then add the carrots, the minced leeks, the cut finelly spring onion and the rest of vegetables (Washed and peeled). We recommend to put the entire vegetables.
Follow cooking that carrots and potatoes be tender.
Serve hot, accompanied with mayonnaise, oil, vinegar or other spices to taste.

*meat and vegetable stew

Salame casero de cerdo

Ingredientes
Carne (cuartos o lomo) 10 kg.
Tocino 1 3/4 kg.
Nuez moscada molida 1 1/2
Cabeza de ajo 1/2
Ají molido (pasado por mortero) 1 cucharada
Sal entrefina 1/4 kg.
Pimienta molida SO grs.
Pimienta blanca en grano 3 cucharadas

Preparación
Picar la carne en la picadora y cortar el tocino en daditos. Llevar todo a una fuente, donde le pondremos todos los condimentos en las proporciones indicadas, mezclamos bien y dejamos reposan

Por otro lado, se debe hervir el vino con el ajo para extraer todo su sabor y concentrarlo en el líquido; por ello lo cocinaremos durante 15 ó 18 minutos. Dejar enfriar. Una vez frío, agregar a la carne, unir bien todos los ingredientes y amasar hasta lograr que la carne se empaste o se pegue en los dedos; de esta manera sabremos que es el punto ideal.

Dejar reposar por lo menos 6 horas.

Embutir en tripa para salame, colgar para secar en un lugar cerrado oscuro y fresco, durante 3 días como mínimo. Posteriormente colgar en un lugar fresco más ventilado y dejar estacionar.

Consumir preferentemente. después de los 40 días.

Establecimiento La Chacra

Salami de porc

Ingrédients

*Viande de porc (filet, épaule ou cuisse) 10 kg./Lard 1.700 kg.
Tête d'ail 1/2 kg./Sel demi-fin 1/4
Poivre en poudre 50 g. /Cuillerées de poivre blanc en grains 3
Noix muscade râpée 1 1/2 /Cuillerée de chili haché (écrasé au mortier) 1*

Préparation

Faites passer la viande à l'hachoir. Coupez le lard en petits cubes, mettez-Ies sur un plant avec la viande hachée. Ajoutez tous les condiments en mélangeant, laissez reposen. D'áutre part, faites bouillir le vin avec l'ail pour en extraire la saveur et la concentrer dans le liquide; laissez mijoter pendant 15 à 18 minutes. Laissez refroidir. Lorsque le liquide est froid, versez-le sur la préparation. Mélangez soigneusement tous les ingrédients et pétrissez jusqu'à ce que la viunde s'empâte ou se colle aux doigts. Laissez reposer pendant au moins six heures. Introduisez le mélange dans des boyaux pour salami et suspendez les pour les faire sécher pendant au moins trois jours. Puis, suspendez-les dans un endroit frais et plus aéré, et Iaissez sécher. Consommez de préference après 40 jours.

Pig homemade salami

Ingredients

Meat (quarters of loin) 10 kg. /Bacon 1 3/4 kg. /Salt 1/4 kg. /Ground pepper 50 grs. / White pepper in grain 3 spoonfuls /Ground nutmeg 1 1/2 /Garlic bulb 1/2 /Crushed red pepper (beaten by mortar) 1 spoonful.

Preparation

Chop the meat in the chopper and cut the bacon in dice. Put them all into a dish, where we shall add all the condiments in the suitable proportions, mix well and allow to rest. On the other hand, the wine should be boiled with the garlic to extract all its flavor and to concentrate it in the liquid. For that we shall cook it during 15 or 18 minutes. Allow to cool. Once cold, add the meat, join well all the ingredients well and knead until achieving that the meat be filled or sticked in the fingers; in this way we shall know that it is the ideal point.
Allow to rest at least 6 hours.
Stuff in gut for salami, hang it to dry off in a dark and fresh closed place, during 3 days as minimum. Later on hang on a more ventilated fresh place and allow to stabilize. Consume it preferably after 40 days.

Galletas de miel y algarrobo

Ingredientes
Harina 1 kg.
Agua 250 cc.
Miel 100 grs.
Azúcar negra 250 grs.
Malta 100 grs.
Óleo de margarina 150 grs.
Bicarbonato de amonio 15 grs.
Harina de algarrobo 10 grs.

Preparación

Hervir en una cacerola el agua, el azúcar y la malta hasta disolver. Dejar enfriar.

Mezclar y amasar todos los ingredientes para conseguir una masa suave. Dejar descansar la masa durante 2 hs.; después sobar despacio para que no se abra y estirar hasta lograr el espesor deseado.

Cortar las galletas con un molde de chapa bien cortante; colocar en una chapa enmantecada o con óleo de margarina.

Hornear 30 minutos a una temperatura de 160° C.

Establecimiento Kiyen Witru
Santa Rosa

Recetas de Alta Cocina

Biscuits au miel et au caroube

Ingrédients

Farine 1 kg.
Eau 250 cc.
Miel 100 g.
Sucre roux 250 g.
Malt 100 g.
Huile de margarine 150 g.
Bicarbonate d'ammonium 15 g.
Farine de caroube 10 g.

Préparation

Meitez dans une casserole l'eau avec le sucre et le malt; faites bouillir jusqu'à dilution. Laissez refroidir. Pétrissez et incorporez tous les ingrédients. Travaillez pour obtenir une pâte légère. Laissez reposer pendant 2 heures. Pétrisset avec soin pour éviter que la pâte se brise et étalez jusqu'à obtention de l'épaisseur désirée. Découpez les biscuits à l'aide d'un moule en métal bien tranchant. Disposez-les sur une tôle beurré ou badigeonnée d'huile de margarine. Faites cuire au four à 160° pendant 30 minutes.

Cookies of honey and algarrobo (locust)

Ingredients

Flour 1 kg.
Water 250 cc.
Honey 100 grs.
Black sugar 250 grs.
Malt 100 grs.
Margarine oil 150 grs.
Ammonium bicarbonate 15 grs.
Locust flour 10 grs.

Preparation

Boil the water, the sugar and the malt in a saucepan, until dissolving. Allow to cool. Mix and knead all the ingredients to get a soft dough.
Allow the dough rest during 2 hs.; then knead slowly so not to open up and stretch until achieving the wanted thickness.
Cut the cookies with a mould of very sharp foil; put in a buttered foil or with margarine oiL
Bake 30 minutes at a 160° C temperature.

Ciervo Chasseur

Ingredientes

Lomito de ciervo 1
Cebollas picadas y saltedas en aceite de oliva 2
Champiñones cortados en juliana 100 grs.
Salsa Madre o salsa Madera 200 grs.
Coñac 1 vasito
Sal y pimienta a gusto

Preparación

Salpimentar el lomo, cortarlo en medallones medianos marinarlos y cocinarlo: en margarina en una sartén profunda.
Una vez sellado de ambos lados, añadir el coñac, flambear y agregar las cebollas salteadas y las enteras en vinagre incorporar también los champiñones en juliana y seguir la cocción a fuego medio durante unos 3 ó 4 minutos. Agregar aquí la salsa madre, salpimentar a gusto, y cocinar unos 8 minutos más.
Acompañar con papas noisette o rejilla, con un poco de cilantro.

*Salsa Madre
Se denomina así al jugo extraído de la cocción de verduras y carnes bien condimentadas.

Cocinero Juan Gallard
Establecimiento El Caldén
Santa Rosa

Recetas de Alta Cocina

Cerf chasseur

Ingrédients

Filet de cerf 1
Oignons hachés et sautés dans l'huile d'olive 2
Champignons coupés en julienne 100 g.
"Saisa madre" ou sauce madère 200 g.
Petit verre de cognac 1
Margarine, sel, poivre

Préparation

Salez et poivrez le filet. Coupez-le en tranches moyennes. Faites chauffer la margarine dans une poêle profonde, faites y revenir les trances sur les deux faces. Arroset avec le cognac, faites flamber. Ajoutez les oignons et les champignons et poursuivez la cuisson à feu moyen pendant 3 ou 4 minutes. Nappez avec la "salsamadre", salez et poivrez et faites cuire encore 8 minutes environ. Accompagnez avec des pommes de terre noisette ou "rejilla", assaisonnées avec un peu de cilantre.
Salsa madre: On donne ce nom au jus obtenu à la suite de la cuisson de la viande ou des légumes bien assaisonnés.

Chasseur deer

Ingredients

Loin of deer 1
Chopped and fried onions in olive oil 2
Mushrooms cut in julienne strips 100 grs.
Sauce Mother or sauce Madera 200 grs.
Cognac 1 glass
Salt and pepper to taste

Preparation

Salt and pepper the Ioin, cut it in medium lockets, marinade and cook them in margarine in a deep pan.
Once sealed from both sides, add the cognac, flambeau and add the fried onions and the whole ones in vinegar, also incorporate the sliced mushrooms cut in julienne strips and follow the cooking to medium flame during about 3 or 4 minutes.
Add the mother sauce mother here, salt and pepper to taste, and cook 8 minutes more. Accompany it with noisette or grilled potatoes, with some cilantro.
*Mother sauce:It is called this way the extracted juice of vegetables and welt seasoned meats cooking.

Provincia de Neuquén

Pencas de acelga en escabeche

Ingredientes

Tallos de acelga 300 grs.
Ají molido 25 grs.
Ajo 1/2 cabeza
Vinagre blanco 1/2 vaso
Agua 1 1/2
Aceite cantidad necesaria
Sal a gusto

Preparación

Hervir las pencas de acelga en una cacerola durante unos 20 minutos, salar a gusto. Antes de completar su punto de cocción agregar 1/2 vaso de vinagre blanco. Terminar la cocción cuando las pencas estén tiernas y a la vez mantengan su consistencia; luego escurrirlas. En un frasco previamente esterilizado ir depositandolas, junto al resto de los ingredientes, ajo, ají molido, sal y aceite hasta cubrir el total del recipiente.
Tapar y guardar en la heladera, dejando pasar unos días antes de consumir

Sra. Berta L. Vargas
San Martín de los Andes

Tiges de bettes en escabeche

Ingrédients

Tiges de bettes 300 g.
Chili moulu 25 g.
Tête d'ail 1/2
Huile (quantité suffisante)
Verre de viraigre blanc 1/2 l.
Eau 1 1/2 l.
Sel

Préparation

Mettez les tiges de bettes dans une casserole avec de l'eau et portez à ébullition. Salez à votre goût et fáites cuire pendant environ 20 minutes. Avant de compléter la cuisson, ajoutez 1/2 verre de vinaigre blanc. Les tiges sont cuites, quand elles sont à la fois tendres et fermes. Égouttez-les et versez-les dans un flacon stérilisé, avec l'ail, le chili moulu et du sel; ajoutez la quantité d'huile nécessaire pour remplir le récipient. Fermez-le et gardez au réfrigérateur quelques jours avant de consommer.

Chards stalks in escabeche

Ingredients

Chards stems 300 grs.
Ground pepper 25 grs.
Garlic bulb 1/2
Salt to taste
White vinegar 1/2 glass
Water 1 1/2
Oil necessary quantity

Preparation

Boil in a saucepan the chard stalks, salt to taste and cook during about 20 minutes. Before completing their cooking point, add 1/2 a glass of white vinegar. Finish the cooking when the stalks are tender and at the sumetime maintain their consistency; then drain then. In a previously sterilized jar place them with the rest of the ingredients, garlic, crushed red hot pepper, salt and oil until covering the whole of the recipient. Cover and keep it in the refrigerator, allowing some days to pass before consuming.

Queso de pata

Ingredientes

Patas de vacuno 4
Zanahoria 1/2 kg.
Perejil 1/2 atado
Ajo 1 1/2 cabeza
Papa 1/2 kg.
Huevos 3
Arvejas 250 grs.
Sal a gusto

Preparación

Hervir las patas por espacio de 1 1/2 hs. a 3 hs., según sean las patas, hasta que las pezuñas se despeguen del cartílago. Al hervir se le debe agregar al agua 2 cucharadas de sal y 1 cabeza de ajo picado (la sal y el ajo se usan en el hervor para que empiece a tomar el sabor final). Una vez cocidas se debe separar todo lo que es nervio y cartílago y picarlos en daditos; se deja enfriar para después comenzar a preparar los demás ingredientes.

Deberá trozarse la zanahoria en forma de daditos o en rodajas siempre crudas, igual que la papa; las arvejas, el perejil y 1/2 cabeza de ajo restante. Los huevos serán hervidos antes de agregarlos (huevos duros)

Los nervios de las patas y los cartílagos, la papa, la zanahoria, el perejil y las arvejas deberán cocinarse juntos hasta obtener una consistencia gelatinosa (durante 25 ó 30 minutos; una vez transcurrido este período de cocción agregar los huevos picados y revolver para mezclarlos.

Vale aclarar que todo el proceso de cocción tiene que hacerse en una olla de aluminio, revolviendo siempre con una cuchara de madera.

Una vez cocido, volcar en un molde, dejar enfriar y desmoldar. Este preparado rinde un proporción de 1 1/2 kg. de producto final.

Sra Juana Tureo
San Martín de los Andes

Pattes en gelée

Ingrédients

Pattes de vache 4
Carottes 1/2 k.
Pommes de terre 1 1/2 kg.
Petits pois 250 g.
Oeufs 3
Bouquet de persil 1/2

Préparation

Dans une marmite en aluminium faites cuire les pattes à l'eau bouillante, avec des cuillerées de sel et une tête d'ail hachée, pendant une heure et demie à trois heures, jusqu'à ce que les sabots décollent des cartilages. Séparez ceux-ci, ainsi que les nerfs, et coupez-les en petits dés; laissez refroidir. Pendant ce temps, coupez les carottes et les pommes de terre en petits dés ou en rondelles, faites durcir les oeufs. Faites cuire les nerfs et les cartilages avec les pommes de terre, les carottes, les petits pois, le persil et l'ail restant pendant 25 à 30 minutes, jusqu'à obtention d'une gelée; ajoutez les oeufs durs hachés et mélangez avec une cuiller en bois. Versez dans un moule, laissez refroidir et démoulez. Les proportions données rendent 1 1/2 kg de produit final.

Leg cheese

Ingredients

Legs of bovine 4 /Carrot 1/Z kg. /Parsley 1/2 bundle /Garlic bulb 1 1/2 /Potatoes 1/2 kg. / Eggs 3 /Peas 250 grs. /Salt to taste

Preparation

Boil the legs from 1 1/2 to 3 hs., as the legs should be, until the hooves take off from the cartilage. When boiling it should be added 2 spoonfuls of salt and 1 clove of chopped garlic to the water (the salt and the garlic are used in the boil toget the final flavor). Once cooked all that is nerve and cartilege should be separated and chop them in dice; let them cool down to begin then to prepare the other ingredients.
The carrot must be chopped in form of dice or in slices always raw, as well as the potato; the peas, the parsley and 1/2 bulb of the remaining garlic. The eggs will be boiled before adding them.
The nerves and the cartilages of the legs, the potato, the carrot, the parsley and the peas will be cooked together until obtaining a jellied consistency (during 25 or 30 minutes); once elapsed this period of cooking add the chopped eggs and revolve to mix them.
It is worth to clarify that the whole cooking process has to be made in an aluminum pot, always revolving with a wooden tablespoon.
Once cooked, overturn in a mould, to allow cooling and mould out. This preparation renders a proportion of 1 1/2 kg. of final product.

Charqui de ciervo

Ingredientes

Pulpa de ciervo 1 kg.
Sal gruesa cantidad necesaria
Orégano a gusto
Ají molido a gusto

Preparación

Cortar la carne del ciervo en tajadas medianas, poner en un cajoncito de madera u otro recipiente sal gruesa cubriendo todo el fondo. Colocar la carne por capas intercalando una de sal y condimentos y nuevamente otra de carne, hasta terminar.
Dejar en lugar fresco o heladera 48 horas o más tiempo, dependiendo del tamaño de la carne.
Posteriormente sacar de la sal y colgar para secar. En lo posible ahumar con ciprés y pino.

Don Carlos
Villa La Angostura

Charqui de cerf

Ingrédients

Viande de cerf 1 kg.
Gros sel
Origan Chili moulu

Préparation

Coupez la viande de cerf en trances moyennes. Dans une petite caisse en bois, ou dans un autre récipient, meltez du gros sel en couvrant bien le fond. Disposez une couche de viande, une couche de sel et condiments, une autre de viande, jusqu'à épuisement. Laissez reposer au frais ou gardez au réfrigerateur pendant au moins 48 heures. Retirez la viande et suspendez-la pour lafaire sécher. Si vous le pouvez, exposez-la à la fumée d'un feu de pin ou de cyprès.

Deer Charqui

Ingredients

Pulp from deer 1 kg.
Coarse salt necessary quantity
Oregano to taste
Crushed red pepper to taste

Preparation

Cut the meat of the deer in medium slices, put them in a wooden box or another recipient with coarse salt covering the whole bottom. Place the meat in layers inserting one of salt and condiments and other again of meat, up to finishing.
Leave in a cool place or a refrigerator for 48 hs. or more time, depending on the size of the meat.
Later on take out the salt and hang to dry off.
As much as possible smoke with cypress and pine.

Vino casero de rosa mosqueta

Ingredientes

Rosa mosqueta limpia 1 1/2 kg.
Azúcar 1 kg.
Agua hervida y enfriada 5 lts.

Preparación

Colocar en una damajuana de vidrio de una capacidad de cinco litros, la rosa mosqueta, agregar el azúcar y completar hasta el cuello de la damajuana con el agua fría. Tapar con una tela o tul doble, atar y dejar en un lugar frío y oscuro durante un año.
Se aconseja probar a los 6 meses para ver cómo evoluciona. Pasado el tiempo indicado, colar y consumir.

Sra. Graciela Antiago
Villa La Angostura

Vin de rosa mosqueta (fruit de la région)

Ingrédients

Fruits de rosa mosqueta équeutés 1 1/2 kg.
Sucre 1 kg.
Eau bouillie et refroidie 5 l.

Préparation

Mettez les fruits dans une dame jeanne en verre qui puisse conténir 5 litres, ajoutez le sucre et complétez avec l'eau froide jusqu'à remplissage. Fermez avec un morceau de toile ou de tulle double, liez et laissez reposer au frais et dans l'obscurité pendant un an. Après six mois, goûtez pour en observer l'évolution. Lorsque la date fixée est arrivée, passez la préparation au chinois et consommez.

Homemade mosqueta rsoe wine

Ingredients

Clean mosqueta rose 1 1/2 kg.
Sugar 1 kg.
Boiled and cooled water 5 lts.

Preparation

Place the mosqueta rose in a glass jar with five liters volume, add the sugar and complete up to the neck of the jar with the cold water. Cover with a cloth or double tulle, tie up and leave in a cold and dark place during one year.
We advice to taste at 6 months to see how it evolves. Past the suitable time, percolate and consume.

Dulce de rosa mosqueta

Ingredientes

Rosa mosqueta limpia 1 kg.
Azúcar 500 grs.

Preparación

Colocar la rosa mosqueta limpia en una cacerola, cubrirla de agua y cocinar a fuego fuerte hasta que comience a deshacerse, revolviendo continuamente con cuchara de madera hasta que se evapore la mayor cantidad de agua posible. Dejar reposar.
Pasar por tamiz o bolsa doble de tul; de esta manera se obtiene un líquido muy espeso. Para aprovechar lo más posible y si es necesario agregar de a chorritos agua a la pulpa para que se tamice más fácilmente. Posteriormente hacer hervir el líquido en un recipiente, agregar el azúcar y cocinar hasta lograr el punto de consistencia deseada.
✓ Envasar en caliente y en frasco de vidrio.
✓ Esterilizar a baño maría 15 minutos.

Sra. Graciela Antiago
Villa La Angostura

Confiture de rosa mosqueta (fruit de la région)

Ingrédients

Fruits de rosa mosqueta 1 kg.
Sucre 500 g.

Préparation

Équeutez et lavet les fruits, mettez-les dans une casserole, recouvrez avec l'éau et faites cuire jusqu'à ce qu'ils commencent à s'émietter, en remuant sans arrêt avec une cuiller en bois; laissez réduire Ie plus possible. Laissez reposer. Faites passer au tamis ou au filtre en tulle, en ajoutant des filets d'eau si nécessaire. Vous obtiendrez un liquide très épais. Faites-le cuire à l'eau bouillante avec le sucre jusqu'au obtention de la consistance désirée. Versez la préparation chaude dans un flacon en verre. Stérilisez-le au bain-marie pendant 15 minutes.

Mosqueta rose preserves

Ingredients

Mosqueta rose clean 1 kg.
Sugar 500 grs.

Preparation

Put the clean mosqueta rose in a saucepan, cover it with water and cook on strongflame until it begins to turn undone, revolving continually with wooden tablespoon until the biggest possible amount of water evaporates. Leave to rest.
Get through sieve or double tulle bag; in this way a very thick liquid is obtained. To take the most advantage and if it is necessary add to the pulp in jets of water so that it be more easily sifted
Later on boil the liquid in a recipient, add the sugar and cook until achieving the point of wanted consistency.
✓ Pack in hot and in glass jar.
✓ Sterilize in bain-marie 15 minutes.

Añolotis de trucha y verdura

Ingredientes

Tapas de empanada p/horno 12
Pulpa de trucha desmenuzada 350 grs.
Acelga 350 grs.
Cebolla grande 1
Morrón rojo 1
Apio 150 grs.
Perejil picado 2 cucharadas
Romero picado 1 cucharada
Nuez moscada molida 1
Ralladura de un limón
Sal y pimienta a gusto

Salsa

Manteca 50 grs.
Crema de leche 1 pote
Puré de tomate 1 taza
Queso roquefort 100 grs.
Queso duro rallado 150 grs.

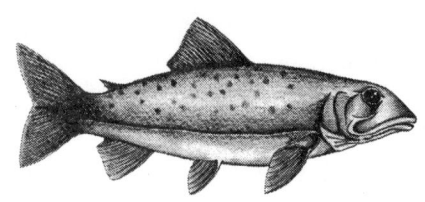

Preparación

En un recipiente con agua, dar un solo hervor a la pulpa de trucha; en otro similar hervir la acelga. Mientras tanto, en una sartén calentar un chorrito de aceite, y rehogar la cebolla bien picada, el morrón y el apio cortados en trocitos. Luego de unos minutos agregar la acelga bien picada y la pulpa de trucha desmenuzada, salpimentar a gusto, incorporar el perejil y el romero. Apagar el fuego. Incorporar la nuez moscada, mezclar bien y dejar reposar. Tomar las tapas de empanadas y rellenar con el preparado la mitad de ellas y cerrarlas con la mitad restante.
En una cacerola de buen tamaño poner agua a hervir, incorporar sal y un chorrito de aceite; cuando rompa el primer hervor introducir los añolotis y seguir cocinando hasta gue éstos floten. Retirarlos.
Mientras tanto en un recipiente colocar la manteca y calentarla a fuego medio; agregar el perejil picado, la ralladura del limón, la crema de leche; salpimentar, incorporar el queso roquefort y el queso rallado, seguir la cocción hasta que rompa nuevamente el hervor. Apagar.
Saborizar con una cucharadita de nuez moscada. Por último en una fuente de horno colocar los añolotis, volcar sobre ellos la salsa y hornear 5 minutos.

Doña Rosa

Agnolotis de truite et légumes

Ingrédients pour la farce

Truite écrasée 350 g.
Feuilles de bettes 350 g.
Gros oignon 1
Poivron rouge 1
Céleri 150 g.
Persil haché 2 cuillerées
Romarin haché 1 cuillerées
Noix muscade râpée 1
Zeste d'un citron
"Tapas"
(disques de pâte) à four 12
Huile(quantité suffisante)
Sel, poivre

Pour la sauce

Beurre 5Og.
Crème fraîche 1 pot
Purée de tomates 1 tasse
Roquefort 100 g.
Fromage dur râpé 150 g.

Préparation

Mettez la truite écrasée dans un récipient avec de l'eau; portez à èbullition, éteignez le feu. Dans un autre récipient, faites cuire à l'eau bouillante les feuilles de bettes. Pendant ce temps, faites chauffer un filet d'huile dans une poêle; faites-y rissoler quelques minutes l'oignon finement haché, et le poivron rouge et le céleri coupés en petits morceaux. Ajoutez les feuilles debettes finement hachées et la truite écrasée. Salez, poivrez, saupoudrez avec le persil et le romarin. Éteignez le feu. Ajoutez la muscade, mélangez soigneusement. Laissez reposer. Faites une pâte à nouilles. Coupez dans la pâte de petites rondelles. Disposez la parce sur la moitié d'entre elles, mouillez le bord de la pâte et couvrez avec l'autre moitié des disques. Mettez dans une casserole assez grande de l'eau avec du sel et un filet d'huile; portez à ébullition. À ce moment là, jetez y les agnolotis et jaites cuire jusqu'à ce qu'ils flottent sur l'eau. Retirez. Pendant ce temps, dans un autre récipient, faites chauffer le beurre à feu moyen; ajoutez la purée de tomates, saupoudrez avec le persil haché et le zeste de citron râpé; arrosez avec la crème fraîche, salez, poivrez. Incorporez le roquefort et le fromage râpé et portez à ébullition. Éteignez le feu. Parfumez avec une cuillerée à café de muscade. Disposez les agnolotis sur un plat à four, nappez avec la sauce et faites gratiner au four moyen pendant 5 minutes.

Trout and vegetable Añolotis

Ingredients

Trout pulp crumbled 350 grs.
Chard 350 grs.
Big onion 1
Red sweet pepper 1
Celery 15O grs.
Chopped parsley 2 spoonfuls
Chopped rosemary 1 spoonful
Ground nutmeg 1
Grated lemon rind 1
Cover of meatpie
for oven 12
Salt and pepper to taste

Sauce

Butter 5O grs.
Cream of milk 250 grs.
Mashed tomato 1 cup
Roquefort cheese l00 grs
Grated cheese 15O grs.

Preparation

In a recipient with water, give a single boil fo the trout pulp; in another similar one boil the chard. Meanwhile, in a frying pan heat a jet of oil and braise the well chopped onion, the sweet pepper and the celery cut in small pieces. After some minutes add the well chopped chard and the crumbled trout pulp, salt and pepper to taste, incorporate the parsley and the rosemary. Turn off the flame. Incorporate the nutmeg, mix well and allow to rest.
Prepare the dough, shape small caps, stuff half of them with the preparation and close them with the remaining half.
In a good size saucepan put water to boil, add salt and a jet of oil; when it breaks the first boil introduce the añolotis and continue cooking until these float. Take them out.
Meanwhile place the butter in a recipient and heat it at medium flame; add the chopped parsley, the lemon grate, the milk cream; salt and pepper, incorporate the roquefort cheese and the grated cheese, follow cooking until it breaks the boil again. Turn off the flame.
Flavor with a nutmeg spoonful. Lastly in an oven dish put the añolotis, overturn the sauce on them and bake 5 minutes.

Pejerreyes fritos con salsa de limón

Ingredientes

Pejerreyes medianos 4
Limones 2
Caldo de verduras 1 lt.
Perejil picado a gusto
Ajo picado 1 diente
Mostaza 1 cucharada
Aceite para dorar
Manteca SO grs.
Sal y pimienta a gusto

Preparación

Limpiar y retirar espinas, vísceras, cabeza y cola de los peces; atar con un fino hilo en forma de arrollado. Ponerlos en una cacerola con el caldo y hervir hasta tiernizar. Dejar enfriar. Sacar el hilo en frío, con mucho cuidado. Luego pasar los peces por harina y freírlos en aceite, dejándolos bien doraditos; mientras tanto, colocar la manteca en una sartén, calentar y dorar el diente de ajo, incorporar el perejil y la mostaza, salpimentar a gusto, agregar el jugo de limón y cocinar a fuego medio revolviendo con cuchara de madera hasta reducir; si no se espesa en la forma esperada, agregar una cucharada de maizena disuelta en agua fría.
Servir los pejerreyes bien calientes, bañados con la salsa en forma abundante.

Pejerreyes sauce citron

Ingrédients

Pejerreyes moyens 4
Citrons 2
Bouillon de légumes 1 l.
Ail 1 gousse
Moutarde 1 cuillerée
Beurre 50 g.
Farine
Huile pour friture
Persil haché
Sel, poivre

Préparation

Écaillez, videz, lavez les pejerreyes. Coupez la tête et la queue de chaque poisson. Ficelez-les et mettez-les dans une casserole avec le bouillon. Portez à ébullition et luissez mijoter jusqu'au moment oü les poissons sont tendres. Laissez refroidir. Enlevez les ficelles très soigneusement. Roulez chaque poisson dans la farine et faites-le cuire à l'huile chaude pour qu'il soit bien doré. Pendant ce temps, faites chauffer le beurre dans une poêle. Faites-y dorer l'ail haché. Ajoutez le persil et la moutarde, salez et poivrez à votre goût. Versez le jus de citron et faites cuire à feu moyen en tournant avec une cuiller en bois jusqu'à ce que le liquide réduise. Si la sauce n'est pas assez épaisse, liez-la avec une cuillerée de maïzena délayée dans l'eau froide.

Fried Pejerreyes with lemon sauce

Ingredients

Medium Pejerreyes 4
Lemons 2
Broth of vegetables 1 lt.
Chopped parsley to taste
Chopped garlic 1 clove
Mustard 1 spoonful
Oil to gild
Butter 50 grs.
Salt and pepper to taste

Preparation

Clean and take off scales, bowets, head and tail of the fish; tie winding with a thin thread. Put them in a saucepan with the broth and boil until they are tender. Leave to cooL Take the thread off in cold, most carefully. Then turn around the fish by flour and fry them in oil, leaving them well gilded; meanwhile, put the butter in a pan, heat and gild the clove of garlic, incorporate the parsley and the mustard, salt and pepper to taste, add the lemon juice and cook to medium flame revolving with wooden spoon until reducing; if they don't thicken in the awaited form, add a spoonful of cornstarch dissolved in cold water. Serve the pejerreyes very hot, bathing them in the sauce abundantly.

Jamón crudo andino
revuelto con huevos y hongos de pino

Ingredientes para 6 nersonas

Jamón crudo andino cortado a cuchillo en pequeñas tiras 300 grs.
Huevos batidos 7
Hongos de pino cortados 150 grs.
Vino blanco
Aceite de oliva 4 cucharadas
Perejil fresco 1 puñado

Preparación

Remojar los hongos de pino en vino blanco durante dos horas para lograr una buena hidratación.
En un recipiente amplio colocar el aceite de oliva y saltear a fuego fuerte el jamón crudo andino y los hongos cortados. Batir los huevos con el perejil y rociarlos por encima a fuego suave sin dejar de remover.
Servir en plato y decorar con pan casero frito cortado en cubitos.

Establecimiento «De la Montaña»
San Martín de los Andes
Sr. Pino

Recetas de Alta Cocina

Jambon des Andes aux oeufs

Ingrédients pour 6 personnes

Jambon crudes Andes, coupé en petites lanières 300 g.
Oeufs 7
Champignons de pin, coupés 150 g.
Huile d'olive 4 cuillerées
Persil frais 1 poignée

Préparation

Faites tremper les champignons dans du vin blanc pendant deux heures. Puis, faites-les revenir en même temps que le jambon dans un grand récipient, où vous aurez mis l'huile d'olive à chauffer. Versez par-dessusles oeufs battus avec le persil, et faites cuire à feu doux en remuant sans arrêt. Servez dans l'assiette et décorez avec des croûtons de pain maison frits.

Andes raw ham mixed with eggs and fungus

Ingredients for 6 persons

Andean raw ham (cut to knife in small slices) 300 grs.
Beaten eggs 7
Cut fungi 150 grs.
White wine
Olive oil 4 spoonfuls
Fresh parsley 1 handful

Preparation

Soak the fungi in white wine for two hours to get a good hydration. In a wide pan put olive oil and sauté to strong flame the Andes raw ham and the cut fungi. Mix the eggs with the parsley and spray it on the fungi; cook some more instants, to low flame, always mixing. Serve in dish, decorated with homespun bread cut in cubes.

Jamón crudo «De la Montaña»

con pan casero

Ingredientes para 6 personas

Jamón crudo madurado en la montaña, cortado en lonjas bien finitas 300 grs.
Pan casero cortado en rebanadas 150 grs.
Tomates maduros 2
Ajo 2 dientes
Aceite de oliva

Preparación

Tostar ligeramente las rebanadas de pan casero. Restregar el pan con un poco de ajo y tomate maduro y rociar por encima con aceite de oliva.
Colocar el jamón crudo «De la Montaña» sobre las rebanadas de pan.

Establecimiento «De la Montaña»
San Martín de los Andes
Sr. Pino

Recetas de Alta Cocina

Jambon «De la Montaña» avec pain maison

Ingrédients

Jambon cru de la montagne coupé en tranches très fines 300 g.
Pain maison coupé en tranches 150 g.
Tomates müres 2
Ail 2 gousses
Huile d ólive

Préparation

Faites griller légèrement les tranches de pain, frottez-les avec l' ail et la tomate, badigeonnez-les d'huile, posez le jambon par-dessus.

Raw ham «De la Montaña» with homespun bread

Ingredients for 6 persons

Raw ham matured in the mountain (cut in very thin slices) 300 grs. Homespun bread slices 150 grs.
Mature tomatoes 2
Garlic 2 teeth
Olive oil

Preparation

Toast lightly the homespun bread slices. Rub the bread with a little of garlic and mature tomato and spray with olive oil. Place the raw ham "De la Montaña" on the bread slices.

Fondue de queso andina

Ingredientes para 4 nersonas

Queso gruyere 400 grs.
Queso de campo 200 grs.
Queso ahumado 200 grs.
Vino fino blanco de 1as zonas frías 200 cc.
Ajo 1 diente
Masala ahumando
Kirch 1 copita

Preparación

Frotar una olla de cobre con el diente de ajo. Rallar los quesos y colocarlos en 1a olla a fuego lento y agregar de a poco vino fino blanco hasta que todo se vaya amalgamando. Revolver permanentemente en forma de «ocho» con cuchara de madera. Por último colocar una pizca de masala ahumado.
Llevar a 1a mesa en la olla de fondue con mechero para que e1 queso no se endurezca.
Puede acompañarse esta fondue con costillitas de cerdo ahumadas trozadas, lomito de cerdo montañés, trocitos de pan casero frito, cerezas, manzanas cortadas en cubitos, choclitos agridulces, apio cortado, salchichitas ahumadas y todo lo que su imaginación le permita crear.

✓ El Masala ahumado es un condimento elaborado artesanalmente en base a una mezcla de especias picantes, y ahumado con ciprés. Contiene ají, pimienta blanca, verde, negra y de cayena, mostazas marrón y amarilla.

Establecimiento De la Montaña
San Martín de 1os Andes

Recetas de Alta Cocina

Fondue andine

Ingrédients

Gruyère 400 g.
Fromuge campagne 200 g.
Fromage fumé 200 g.
Vin fin blanc
des régions froides
Ail 1 gousse
Masala fumé
Petit verre de kirsch 1

Préparation pour 4 personnes

Frottez avec l'ail le fond d'une marmite en cuivre. Mettez-y les fromages râpés et faites cuire à petit feu. Ajoutez le vin peu à peu et remuez sans arrêt avec une cuiller en bois jusqu'à obtention d'un mélange homogène. Ajoutez une pincée de masala fumé. Portez à table dans un poélon au brûloir pour éviter que les fromages soient figés. Vous pouvez accompagner cette fondue de côtelettes de porc fumées et coupées en morceaux, de filet de porc de la montagne, de croûtons de pain maison, de cerises, de pommes coupées en petits dés, d'épis de maïsaigre-doux, de céleri coupé, de petites saucisses fumées et de tout ce que votre imagination puisse créer.

Le masala fumé est un condiment qu'on élabore artisanalement à base d'un mélange d'épices (piment; poivre blanc, vert, noir et de Cayenne, moutarde jaune et brune) et fumé au cyprès.

Fondue of Andean cheese

Ingredients for 4 persons

Gruyère cheese 400 grs.
Country cheese 200 grs.
Smoky cheese 200 grs.
White wine select 200 cc.
Garlic 1 clove
Smoky Masala
Kirch 1 cup

Preparation

Rub a copper pan with the garlic tooth. Rasp the cheeses and put on the pot to slow flame, add little by little the white select wine until it is all melted. Mix continuously in the form of an eight with wood spoon. Finally put a pinch of smoked masala. Take to the table in the fondue pot with a burner so that the cheese doesn't get hard. This fondue can be accompanied with smoked pork filets, pork of the mountains loins, piece of fried homespun bread, cherries, apples (cut in cubes), little bittersweet corns, cut celery, smoked sausage and every thing your imagination permits.

✓ The fumed Masala in an elaborate seasoning in base to piquant spices mixture and fumed with cypress. It contain chili, white pepper, green, black and from cayenne, and yellow and brown mustard.

Ciervo a la Cazadora

Ingredientes

Lomo de ciervo 1
Cebolla (cortada en rodajas) 500 grs.
Ajo porros (parte blanca) 2
Ajo (picados) 4 dientes
Zanahorias peladas y cortadas en rodajas muy finas 700 grs.
Morrón rojo picado 1/4

Buen vino tinto 1 1/2 l.
Cebollitas de verdeo picaditas 5
Cibulet picado 1 pizca
Aromatizar con bayas de enebro o nuez moscada
Ají molido 1 cucharada
Orégano, sal y pimienta blanca en grano a gusto

Preparación

Salpimentar la carne, dejar reposar. Luego pasarla por harina y en una sartén calentar aceite, una vez que halla tomado la temperatura ideal colocar la carne y sellar dorando toda su superficie. Retirar.

Tomar una cacerola grande colocar un chorro generoso de aceite, calentar a fuego fuerte, agregar todas las verduras y continuar la cocción a fuego medio; en otra cacerola incorporar un buen vino tinto (1 1/2 lts) y calentar hasta que rompa el hervor. Volcarlo sobre las verduras agregando la carne posteriormente y verificar que el líquido tape la misma; de no ser así calentar nuevamente vino y completar. Seguir cocinando sin tapar revolviendo para impedir que se pegue. Dejar cocinar unos 90 minutos, probar si la carne está en el punto deseado, de ser así, retirarla y seguir la cocción de la salsa hasta que la misma esté lista. En caso de no haberse ligado lo suficiente agregar una cucharadita de maizena disuelta en agua fría, revolver unos minutos y apagar. Dejar descansar 6 hs.

Acompañar con puré de manzanas verdes o puré de papas.

✓ Antes de servir cortar la carne en fetas gruesas y junto con la salsa calentar, colocar 2 ó 3 porciones por plato y que la salsa las cubra, el puré disponerlo en una cazuela aparte.

✓ De postre se recomienda frambuesas con crema batida.

Sr. Mario Herrera
Establecimiento «El Ciervo»
San Martín de los Andes

Cerf à la cazadora

Ingrédients

Filet de cerf 1 /Huile (quantité suffisante) /Farine /Bon vin rouge 1 1/2 l. /500 g d'oignons coupés en rondelles /Poireaux (partie blanche) 2 /Gousses d'ail hachées 4 /Carottes épluchées et coupées en fines rondelles 700 g. /Poivron rouge haché 1/4 /Jeunes oignons hachés 5 /Pincée de ciboulette hachée 1 /Cuillerée à soupe de chili moulu 1 /Origan / Genièvre ou noix muscade /Sel, poivre

Préparation

Salez et poivrez le filet; laissez-le reposer. Passez-le ensuite dans la farine. Faites chauffer l'huile dans une poêle pour y faire revenir le filet sur toutes ses faces. Quand il est bien doré, retirez-le. Dans une casserole faites chauffer à feu fort une quantité génereuse d'huile. Ajutes tous les légumes et poursuivez la cuisson à feu moyen. Versez le vin dans une autre casserole et chauffez jusqu'au premier bouillon. Nappez-en les légumes, ajoutez la viande et vérifiez que le liquide suffise à la couvrir; sinon, chauffez un peu plus de vin et ajoutez-le. Poursuivez la cuisson à découvert, en remuant, pendant environ 90 minutes. Vérifiez que la viande soit à point, si c'est le cas, retirez-la. Continuez la cuisson jusqu'à ce que la sauce soit prise; si n'est pas assez liée, faites la liaison avec une cuillerée à café de maïzena délayée dans l'eau froide, remuez quelques minutes et éteignez le feu. Laissez reposer pendant 6 heures. Avant de servir, coupez la viande en grosses tranches et faites-les chauffer avec la sauce. Placez sur chaque assiette deux ou trois portions nappées de sauce. Accompagnez avec une purée de pommes vertes ou de pommes de terre, disposée dans une terrine. On vous reccomande comme dessert des framboises à la crème fouettée.

Deer to the Huntress.

Ingredients

Loin of deer 1 /Onion sliced 500 grs. /Wild leek (white part) 2 /Garlic (finely chopped) 4 cloves /Carrot(peeled and finelly cut sliced) 700grs. /Small sweet red pepper(inslinced) 1/4 / Good red wine 1 1/2 l. /Minced small spring c onion 5 /Small minced cibulet 1 punch / Oregano, salt and white pepper to taste /Ground pepper 1 teaspoonful

Preparation

Season the meat, let it rest. Then flour and in a pan put oil to heat, once the wright temperature is got, put the meat and seal, browning its surface. Remove.
Take a large pan, put a generous oil gush to heat to strong flame, add all the vegetables and to follow the boiling to middle flame; in other pan incorporate a good red wine (1 1/21 l.) and to heat until it boiling break. Pour it on the vegetables adding the meat, and then check that the liquid covers it, if not, heat the wine again and complete, follow cooking without covering, mixing to avoid it sticks. Let to cook some 90 minutes, try if the meat is in the wished point, if it is ready, remove, if the sauce is not thick enough, add a teaspoonful of maizena dissolved in cold water; mix for some minutes more and then put out the flame. Let to rest 6 hs.
Accompany with green apples mash or potato mash.

✓ Before serving, cut the meat in thick slices and together with the sauce, heat 2 or 3 portions by plate, let the sauce cover the pieces and place the mash in a pot, apart.
✓ For dessert we recommend raspberries with beaten cream.

Empanadas de humita

Ingredientes

Tapas de horno 12
Cebolla picada 1
Morrón rojo sin piel picado 1
Granos de choclo cocido o en lata 300 grs.
Aceitunas 12
Huevos duros 2
Pimienta a gusto
Azúcar a gusto
Sal a gusto
Salsa blanca bien condimentada agregar 100 grs. de queso rallado

Preparación

Colocar en una sartén un chorrito de aceite, agregar la cebolla, el morrón y rehogar. Incorporar los granos del choclo. Añadir una pizca de azúcar y revolver bien, cuando los granos de choclo se calienten añadir la salsa blanca condimentar a gusto con sal y pimienta, agregar el queso, los huevo picados y las aceitunas, revolver con cuchara de madera unos instantes y apagar. Dejar enfriar.
Rellenar las tapas, enfriar en 1a heladera; Iuego pintar con huevo batido, posteriormente cocinar a horno bien caliente hasta que se doren.

Sra. Elsa Peña
El Sauce

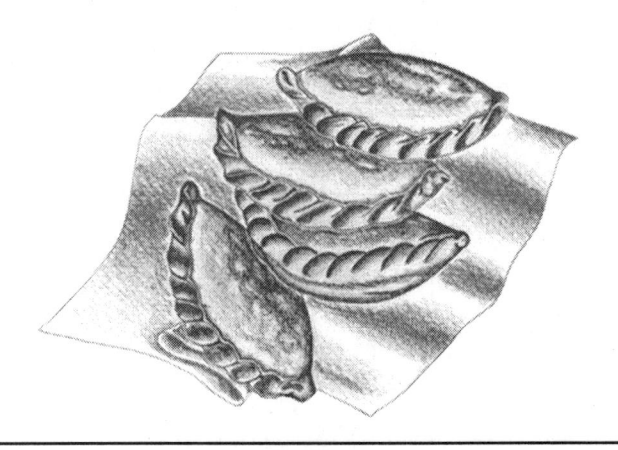

Empanadas de humita

Ingrédients

"Tapas" (disques de pâte) à four 12
Oignon haché 1
Poivron rouge, épluché et haché 1
Maïs cuit en grains (frais ou en conserve) 300 g.
Olives 12
Oeufs durs 2
Fromage râpé 100 g.
Huile, Sucre, Sel, poivre,
Sauce blanche bien assaisonnée

Préparation

Faites chauffer dans une poêle un filet d huile. Faites-y revenir l'oignon et le poivron rouge. Ajoutez les grains de maïs et une pincée de sucre; mélangez bien. Lorsque le maïs est chaud, nappez avec la sauce blanche, salez et poivrez. Saupoudrez avec le fromage râpé, ajoutez les oeufs et les olives. Remuez avec une cuiller en bois pendant quelques instants. Éteignez le feu. Laissez refroidir. Emplissez les tapas, laissez refroidir au réfrigerater. Badigeonnez les empanadas d'oeuf battu et faites cuire à four très chaud jusqu'à ce qu'elles soient dorées.

*Humita pies (empanadas)
*regional preparation with corn

Ingredients

Oven paste lids 12
Minced onion 1
Without skin minced sweet red pepper 1
Corn grain cooked or in can 300 grs.
Olives 12
Hard boiled egg 2
White sauce (very relished) add 100 grs. of rasped cheese
Salt to taste
Pepper to taste
Sugar to taste

Preparation

Put on a pot a small gush of oil, add the onion, the sweet red pepper, and fry lightly. Incorporate the corn grains, add a sugar pinch and mix well, when these are heated, add the white sauce, relish to taste with salt and pepper, add the cheese, the minced egg and the olives. Then fill the paste lids, cool in the refrigerator and then paint each pie with beaten egg. Then bake them to very hot oven and cook until they are lightly browned.

Humitas en chala asadas

Ingredientes
*Grano de cloclo rallado grueso (reservar chalas grandes) 500 grs.
Tomates pelados 2
Cebolla grande 1 y cebolla de verdeo 1 (picadas)
Morrón rojo sin piel 1
Hojas de laurel 2
Caldo de verduras 250 cc.
Azúcar 1 cucharada
Queso rallado 100 grs.
Nueces picadas SO grs.
Nuez moscada 1 cucharada
Perejil picado 1 cucharada
Sal, pimienta y pimentón a gusto*

Preparación

Primero debemos blanquear en agua hirviendo las chalas elegidas el tiempo necesario para que las mismas se tornen bien flexibles. Retirarlas y dejar.
En una sartén colocar un chorrito de aceite a calentar y luego le agregaremos las cebollas picadas, el morrón picadito y rehogamos, posteriormente añadimos el tomate pelado y picado en cubitos, incorporamos las hojas de laurel y el caldo de verduras.
Al romper el hervor colocamos los granos de choclo rallado, salpimentamos a gusto, colocamos una pizca de pimentón y una cucharadita de nuez moscada, seguimos cocinando a fuego lento unos 10 minutos hasta reducir el caldo, agregamos la cucharadita de azúcar, las nueces y el queso de rallar junto a una cucharadita de perejil picado y apagamos el fuego.
Dejamos enfriar y retiramos las hojas de laurel.
El armado es muy sencillo: se toma una chala grande o dos medianas encimadas por su parte más ancha, y se coloca el preparado en el centro, se arma con forma de paquete, se ata con hilo choricero o bien con tiritas de chala cortadas a lo largo.
Se coloca a la parrilla con buenas brasas durante 1/2 hora.

Sr. Antonio Barrios
«El Sauce»

Humitas en chala

Ingrédients

Grains de maïs frais /râpés (réservez de grandes feuilles vertes) 500g. /Tomates épluchées 2 /Gros oignon haché 1 /Jeune oignon haché 1 /Poivron rouge épluché 1 / Bouillon de légumes 250 cc. /Huile, quantité suffisante /Fromage râpé 100 g. /Noix hachées 50 g. / Sucre 1 cuillerée /Noix muscade 1 cuillerée /Persil haché 1 cuillerée / Piment rouge en poudre /Sel, poivre

Préparation

Faites blanchir à l'eau bouillante les feuilles vertes pour les attendrir. Retirez et réservez. Dans une poêle, faites chauffer un filet d'huile; faites-y revenir les oignons et le poivron hachés. Ajoutez la tomate épluchée et coupée en petits dés, incorporez les feuilles de laurier et arrosez avec le bouillon de légumes. Faites cuire jusqu'au moment où l'ébullition est atteinte. A ce moment, mettez les grains de maïs râpés, salez et poivrez à votre goût, ajoutez une pincée de poivron rouge en poudre. Laissez mijoter pendant environ 10 minutes, jusqu'à ce que le liquide réduise. Ajoutez la cuillerée de sucre, parfumez avec la muscade et saupoudrez avec le fromage râpé et le persil haché. Éteignez le feu. Laissez refroidir, retirez les feuilles de laurier. Prenez les feuilles par paires, disposez-les en croix, mettez au centre de chacune un peu de la préparation, fermez comme des paquets, liez avec des ficelles ou des lanières découpés dans les feuilles. Faites cuire au gril sur la braise pendant une demi-heure.

Roasted "Humitas in 'Chala"

*big leaves of corn

Ingredients

Thick grain of rasped corn (reserve big leaves) 500 grs. /Peeled tomatoes 2 /Big onion 1 and 1 minced spring onion /Sweet red pepper without skin 1 /Bay leaf 2 /Broth of vegetables 250 cc. /Sugar 1 spoonful /Rasped cheese 100 grs. /Minced nuts 50 grs. / Nutmeg 1 spoonful /Minced parsley 1 spoonful /Salt, paprika pepper (to taste)

Preparation

First shiten in boiling the water the chosen corn leaves, for enough time to soften them. Remove. In a pan put a small gush of oil to heat and then add the minced onions, the sweet red pepper, fry lightly and then add the peeled tomato (minced in cubes), then incorporate the bay leaf and the vegetables broth. Just when boiling point breaks, put the rasped corn grains, season to taste, put a paprika pinch and a teaspoonful nutmeg, follow cooking to slow flame some 10 minutes until the broth is reduced, add the sugar teaspoonful, the nuts and the rasping cheese, a minced parsley teaspoonful and then remove form the flame. Let it cool and take out the bay leaf. The assembly of this plate is very simple: take a large leaf or two medians, put one on the wider part of the other, put the mixture on the center, and wrap with package form, tie with thread or with the cut leaf of the corn. Then place then on the grill with good embers during 1/2 hour.

Goulash de ciervo y jabalí

Ingredientes

Carne de ciervo (cortado en cuadraditos de 2 x 2) 1 kg.
Carne de jabalí (cortada en cuadraditos de 2 x 2) 1 kg.
Cebolla picada 1 kg.
Pimentón dulce 2 cucharadas
Sal y pimienta a gusto

Preparación

En un recipiente grande calentar un poco de aceite, luego colocar las carnes de ciervo y jabalí y sellarlas; cocinar a fuego medio un par de minutos, agregar la cebolla y rehogarla. Una vez cristalizada incorporar agua caliente, salpimentar a gusto, incorporar el pimentón, revolver con cuchara de madera y cocinar a fuego medio durante una hora con el recipiente tapado.
Pasado este tiempo verificar si la cocción está a punto, comprobar si la salsa está bien ligada, caso contrario agregar 1 cucharadita de maizena disuelta en un poquito de agua. Revolver y apagar el fuego.
Acompañar con papas al natural o arroz blanco.

***Cocinera Ana María Benfatta**
Establecimiento Las catalinas
San Martín de Los andes*

Recetas de Alta Cocina

Goulash de cerf et sanglier

Ingrédients

Viande de cerf coupée en petits cubes de 2 cm d'aréte 1 kg.
Viande de sanglier coupée en petits cubes de 2 cm d'aréte 1 kg.
Oignon haché 1 kg.
Poivron doux en poudre 2 cuillerées
Sel, poivre

Préparation

Faites chauffer dans un grand récipient un peu d'huile, faites-y rissoler les morceaux de viande à feu moyen pendant 2 minutes environ. Ajoutez l'oignon, faites-le revenir. Quand il est bien doré, recouvrez avec de l'eau chaude. Assaisonnez avec sel, poivre et poivron doux en poudre. Mélangez avec une cuiller en bois et faites cuire à couvert, à feu moyen, pendant une heure. Vérifiez alors la cuisson; si celle-ci est à point, vérifiez donc si la sauce est bien liée. Sinon, délayez une cuillerée à café de maïzena avec un peu d'eau et faites la liaison. Remuez et éteignez le feu. Accompagnez avec des pommes de terre vapeur ou du riz à la créole.

Deer or boar goulash

Ingredients

Deer meat. (cut in small slices of 2 x 2) 1 kg.
Boar meat. (cut in small slices of 2 x 2) 1 kg.
Minced onion 1 kg.
Sweet paprika 2 spoonfuls
Pepper and salt to taste

Preparation

In a large pot, heat a little of oil, then put the deer and boar meat and seal it, cook to middle flame a pair ofminutes, add the lightly fried onion, once crystallized, add hot water, season to taste, the paprika, mix with wood spoon, and cook to middle flame during an hour with the lid on.
Pastthis time, check the boiling, if it is wright, try if sauce is thick enough, otherwise add a teaspoonful of maizena dissolved in a little water.
Mix for an instants and remove from the flame.
Accompany with white rice or natural potatoes.

Provincia de Río Negro

Trucha rellena

Ingredientes

Trucha limpia de dos kg. 1
Cebollas cortadas en juliana 2
Morrón rojo cortado en tiritas 1
Zanahorias fileteadas 3
Manteca 50 grs.
Perejil 50 grs.
Sal, pimienta y ají molido a gusto

Preparación

Colocar en una sartén profunda la manteca, derretir a fuego medio, incorporarle la cebolla, el morrón y las zanahorias, rehogar unos minutos, agregar los condimentos (sal, pimienta y ají molido), revolver, y luego de 2 ó 3 minutos apagar.
Por último agregar los 50 g. de perejil picado y mezclar.
Tomar la trucha, salarla por dentro y rellenar con el preparado; envolverla con papel de aluminio y colocarla en una fuente, cocinar al horno o a la parrilla durante unos 45 minutos.

✓ Acompañar con papas al natural y salsa de manteca, condimentando con limón y perejil.

Sra. Carmen Alarcón
S. C. deBariloche

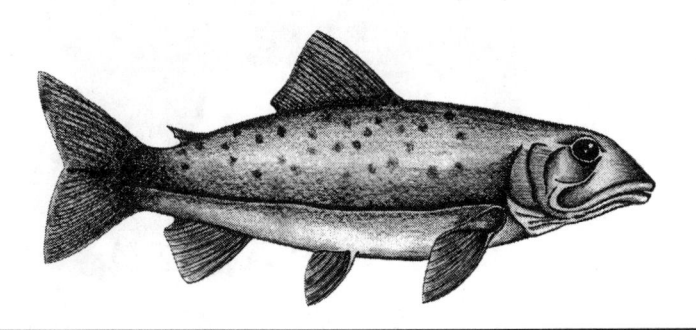

Truite farcie

Ingrédients

Truite de 2 kg environ, lavée et vidée 1
Oignons coupés en julienne 2
Poivron rouge coupé en fines lanières 1
Carottes coupées en bâtonnets 3
Beurre 50 g.
Persil 50 g.
Chili moulu
Sel, poivre

Préparation

Dans une poêle profonde mettez le beurre, faites fondre à feu moyen. Ajoutez les oignons, le poivron et les carottes, faites-les revenir pendant quelques minutes. Salez, poivrez, saupoudrez avec le chili. Remuez et éteignez le feu au bout de deux minutes. Ajoutez le persil haché, mélangez. Prenez la truite, salez au-dedans, remplissez-la avec la préparation. Enveloppez-la dans une feuille d'aluminium ménager. Faites cuire au four ou sur le gril pendant 45 minutes. Accompagnez de pommes de terre vapeur au beurre maitre d'hôtel.

Stuffed trout

Ingredients

Trout of two kg. 1 (clean)
Onions cut in little pieces 2
Sweet red pepper cut in slices 1
Carrots (cut in slices) 3
Butter SO g.
Parsley 50 grs.
Salt, pepper and ground chili to taste

Preparation:

Put on a deep frying pan the butter, melt to middle flame, incorporate the onion, the sweet red pepper and the carrot, fry lightly some minutes, add the species (pepper salt and ground chili), mix, and after a pair of minutes turn out.
Then add 50 g. of minced parsley, mix. Take the trout, salt the inner part and fill with the preparation wrap with aluminum papper and put it on a dish to the oven or to the grill during some 45 minutes.

Salsa de frambuesas agridulce

Ingredientes

Frambuesas limpias 1 kg.
Azúcar 700 grs.
Vinagre blanco 25 grs.
Pimienta negra 2 bolillas

Preparación

En una cacerola colocar las frambuesas, el azúcar y el vinagre blanco, cocinar a fuego fuerte, pasados unos minutos agregar la pimienta y cocinar durante una hora.

✓ No dejar de revolver constantemente con cuchara de madera.
✓ Envasar en frasco de vidrio esterilizado, colocar la preparación en caliente y posteriormente al cerrado terminar con autoclave o baño maría para su mejor conservación.
✓ Esta salsa es especial para carnes blancas

Sr Jorge Ramírez
El Bolsón

Sauce aux framboises

Ingrédients

Framboises lavées et équeuetées 1 kg.
Sucre 700 g.
Vinaigre blanc 25 g.
Grains de poivre noir 2

Préparation

Mettez dans une casserole les framboises et le sucre, arrosez avec le vinaigre blanc, faites cuire à feu vif pendant quelques minutes. Ajoutez Ie poivre et poursuivez la cuisson pendant une heure en remuant sans arret avec une cuiller en bois. Versez la préparation chaude dans un flacon en verre stérilisé, fermez-Ie. Stérilisez à l'autoclave ou au bainmarie. Pour accompagner poissons et volailles.

Bittersweet raspberries sauce

Ingredients

Clean raspberries 1 kg.
Sugar 700 grs.
White vinegar 25 cc.
Black pepper 2 grains

Preparation

Put the raspberries in a pan, the sugar and the white vinegar, cook to strong flame, past some minutes add the pepper and cook during one hour.
✓ Don't stop mixing constantly with wood spoon.
✓ Pack in sterilized glass, put the preparation on hot and after closed, end with autoclave or bain-marie for its better conservation.
✓ This sauce is special for white meats

Lomo de ciervo a la crema

Ingredientes

Lomo de ciervo 1
Crema de leche 200 grs
Caldo de verduras cantidad necesaria
Maizena 1 cucharada
Mostaza 1 cucharada
Perejil picado 50 grs.
Ajo machacados 3 dientes
Romero 1 ramita
Laurel 2 hojas
Cebolla grande 1
Papas 1 kg.
Huevos 2
Manteca 100 grs.
Nuez moscada molida 1
Sal y pimienta a gusto

Preparación

Derretir en una olla un trozo de manteca, colocar el lomo de ciervo y sellarlo. Retirar. Colocar un poquito más de manteca y rehogar el ajo machacado, la cebolla rallada y cocinar a fuego medio unos instantes; posteriormente introducir nuevamente el lomo, salpimentar a gusto, agregar el laurel, el romero, la cucharada de mostaza y el caldo (cantidad necesaría para cubrir el lomo). Cocinar a fuego fuerte durante 1 hora con la olla tapada.

Pasado este tiempo verificar la cocción y los gustos, si todo es lo esperado incorporar el perejil y cocinar a fuego fuerte sin tapar unos 10 minutos más. Posteriormente agregar la crema de leche hasta el primer hervor.

En caso de no quedar la salsa espesa, agregar una cucharada de maizena disuelta en agua fría.

Preparar el puré de papas condimentando con la nuez moscada, la manteca y los dos huevos.

Servir el lomo en rodajas medianas con una buena porción de puré, rociando a ambos con la salsa de crema.

Sr Juan Cruz
S. C. de Bariloche

Filet de cerf à la crème

Ingrédients

Filet de cerf 1 /Creme fraîche 200 g. /Beurre 100 g. /Bouillon de légumes (quantité suffisante) /Gros oignon 1 /Ail 3 gousses /Feuilles de laurier 2 /Branche de romarin 1/ Moutarde 1 cuillerée /Persil haché SO g. /Pommes de terre l kg. /Oeufs 2 /Noix muscade râpée 1

Préparation

Faites fondre un peu de beurre dans une marmite, faites y revenir le fi let. Quand il est bien doré retirez-Ie et versez dans lu marmite encore un peu de beurre. Jetez-y l'ail pilé et l'oignon haché et faites-les rissoler à feu moyen pendant quelques instants. Remettez la viande, salez et poivrez. Ajoutez le laurier, le romarin et la moutarde, et arrosez avec la quantité de bouillon nécessaire pour couvrir le filet. Faites cuire à couvert, à feu vif, pendant 1 heure. Vérifez la cuisson et l'assaisonnement; si tout est selon vos goûts, saupoudrez avec le persil, retirez le couvercle et prolongez la cuisson pendant 10 minutes environ. Incorporez la crême fraîche et faites cuire jusqu'au premier bouillon. Si la sauce n'est pas assez épaisse, délayez une cuillerée de maïzena dans l'eau froide et faites la liaison. D'autre part, faites une purée avec les pommes de terre, le beurre et les deux oeufs; assaisonnez avec la muscade. Coupez le filet en tranches moyennes et servez-le avec une bonne portion de purée; nappez tous les deux avec la sauce.

Deer loin to the cream

Ingredients

Deer Ioin 1/ Milk cream 200 grs. /Broth of vegetables necessary quantity /Maizena 1 spoonful /Salt and pepper (to taste) /Mustard 1 spoonful /Minced parsley 50 grs. / Crushed garlic 3 teeth /Rosemary 1 twig /Bay leaf 2/Big onion 1 /Potatoes 1 kg. /Eggs 2 /Butter 100 grs. /Nutmeg ground 1

Preparation

Put a butter piece in a pot to, melt and seal the loin: Remove. Put a little more butter and fry lightly the crushed garlic, the rasped onion and cook to middle flame some instants; therein after introduce again the loin, season to taste, add the bay, the rosemary, the mustard spoonful and the broth (necessary quantity to cover the loin). Cook to strong flame during 1 hour, with the covered pot.
Past this time verify the boiling and tastes, if all isjust wright incorporate the parsley and cook to strong flame some 10 minutes more, without Iid, then add the milk cream, until the first boiling.
If the sauce is not thick enough, add a spoonful of maizena dissolved in cold water. Prepare the potatoes mash relishing with the nutmeg the butter and two eggs.
Serve the Ioin in median slices with a good mash portion, spraying both with the cream sauce.

Lomo de ciervo o jabalí a la montaña

Ingredientes

Lomo mediano 1
Panceta ahumada (cortada en fetas finas) 100 grs.
Hongos de pino deshidratados a gusto
Ananá cantidad necesaria (preferentemente fresco)
Mostaza 50 grs.
Caldo de verduras 1/4 lt.
Vino blanco seco 1/4 lt.
Coñac o licor fuerte 1 copita
Maizena 1 cucharada
Ajos (machacados) 1/2 cabeza
Morrón rojo picado en tiritas finas 1
Cebolla mediana cortada en juliana fina 1
Manteca aceite cantidades necesarias
Perejil y orégano a gusto
Pimienta cantidad abundante «no sea mezquino»
Sal a gusto

Preparación

Tomar el lomo y con un cuchillo largo hacer dos tajos bien profundos en su frente, rellenar con el ananá lo más abundante posible; cubrir con las fetas de panceta la mitad de su superficie horizontal, atar con hilo en forma de arrollado, llevar a una sartén con manteca bien caliente y sellarlo bien. Flambear con el coñac marcado. Retirar con el jugo.

Nuevamente en una sartén colocar un chorrito de aceite, calentar y rehogar la cebolla, el morrón y los dientes de ajo; hidratar en agua tibia los hongos, incorporar el lomo con el jugo, agregar todos los condimentos y la mostaza, seguir la cocción 2 ó 3 minutos, agregar el vino y el caldo; cocinar a fuego fuerte durante una hora aproximadamente.

Si la salsa no ligó bien, añadir la maizena disuelta en agua. Apagar. Servir el lomo sin hilo en una fuente, marcarlo en rodajas y volcar sobre éste la salsa. Acompañar con puré de calabazas.

El Cazador

Filet de cerf (ou porc) à la montagne

Ingrédients

Filet de cerf (ou de porc) moyen 1 /Lard fumé coupé en fines tranches 100 g. /Ananas (de préférence frais; quantité suffisante) /Téte d'ail 1/2 /Oignon coupé en julienne 1 /Poivron rouge coupé en fines lanières 1 /Champignons de pin déshydratés /Bouillon de légumes 1/4 l. /Vin blanc sec 1/4 /Petit verre de cognac ou d'une liqueur forte 1 /Moutarde 50 g. / Huile, quantité suffisante /Beurre, quantité suffisante /Maïzena 1 cuillerée /Persil, origan, sel /Poivre (en abondance)

Préparation

Avec un long couteau, faites deux profondes incisions dans le filet et emplissez-les uvec l'ananas. Couvrez le filet avec le lard, ficelez-le et faites-le revenir au beurre chaud dans une poêle. Arrosez avec le cognac et faites flamber. Retirez avec le jus de cuisson. Faites chauffer un filet d'huile dans une autre poêle, faites-y revenir l'oignon, le poivron, l'ail pilé et les champignons hydratés à l'eau tiède. Incorporez le filet avec son jus, ajoutez tous les condiments et la moutarde et poursuivez la cuisson pendant 2 minutes environ. Arrosez avec le vin et le bouillon et faites cuire à feu vif pendant 1 heure environ. Si la sauce n'est pas bien liée, ajoutez la maïzena délayée dans l'eau. Éteignez le feu. Enlevez les ficelles et disposez le filet sur un plat. Coupez-le en tranches et nappez avec la sauce. Servez avec purée de courges.

Deer or pork loin to the mountain

Ingredients

Medium loin 1 /Smoked bacon (cut fine slices) 100 grs. /Pineapple necessary quantity (preferably fresh) /Mustard 50 grs. /Pepper abundant quantity "don't be misery" /Salt, to taste /Dehydrated fungi to taste /Broth of vegetables 250 cc. /Dry white wine 250 cc. / Brandy or strong liquor 1 glass /Maizena 1 spoonful /Oregano and parsley to taste / Garlic 1/2 head (crushed) /Sweet red pepper minced fine 1 /Median onion; cut in little pieces 1 / Oil, butter necessary quantities.

Preparation

Take the loin and with a long knife, make two cuts in its front, well deep, fill with the pineapple as abundant as possible; cover with slices of bacon half of their its horizontal surface, tie with linen in the form of roll, take to a pan with well hot butter and seal it well. Flame with the labeled brandy. Remove with the juice. Again put a small gush of oil in a pan, heat and fry lightly, the onion, the morrón, the garlicteeth, hydrate the fungi in warm water to incorporate the loin with the juice, add all the species and the mustard; follow the boiling a pair of minutes, add the wine and the broth, cook to strong flame during one hour approximately.If the sauce is not thick enough add the maizena dissolved in water, turn out the flame.
Serve the loin without linen in a dish, mark it in pieces pour the sauce on the Ioin. Accompany with gourd mash.

Croquetas de trucha

Ingredientes

Trucha 1
Salsa blanca bien condimentada 1 taza
Pan rallado 50 grs.
Yemas 2
Harina 1 taza
Sal y pimienta a gusto

Preparación

Limpiar la trucha. Quitar toda la carne y picar finamente, casi formando una pasta. Agregar la salsa blanca, el pan rallado, las yemas; revolver y condimentar bien.
Una vez formada la pasta, hacer con la mano bolitas del tamaño deseado, pasarlas por harina y freírlas en aceite con algún diente de ajo para darle un gusto aromatizante.
Servir de aperitivo con salsa golf.

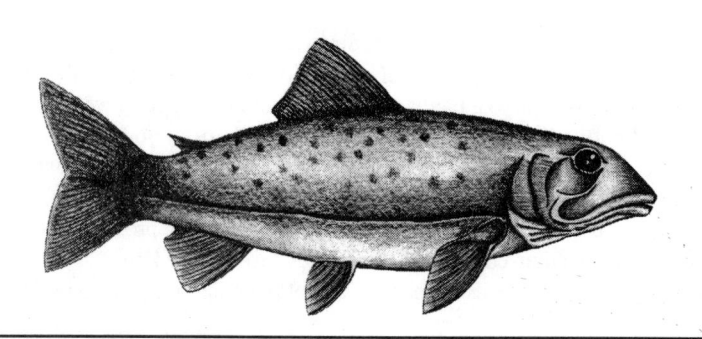

Boulettes de truite

Ingrédients

Truite 1
Tasse de sauce blanche bien assaisonnée 1
Chapelure 50 g.
Oeuf 2 jaunes
Tasse de farine 1
Sel, poivre

Préparation

Lavez la truite, enlevez la chair et hachez-la finement. Ajoutez la sauce blanche, la chapelure et les jaunes d'oeuf, remuez et assaisonnez. Façonnez la préparation en boulettes, passez-les dans la farine et faites-les frire à l'huile chaude avec une gousse d'ail. Servez à l'apéritif avec sauce golf.

Croquettes of trout

Ingredients

Trout 1
White sauce well relished 1 cup
Rasped bread 50 grs.
Yolks 2
Flour 1 cup
Pepper and salt (to taste)

Preparation

Clean the trout. Remove all the meat and mince finely, almost forming a paste. Add the white sauce. The rasped bread, the yolks. Relish well.
Once the paste is ready, make with the hands small balls of the wished size, go through flour and fry them in oil with some garlic clove, to give it an aromatic taste.
Serve as appetizer with golf sauce.

Dulce de sauco

Ingredientes

*Sauco (fruto) 1 kg.
Azúcar 700 grs.*

Preparación

Colocar la fruta en una cacerola de aluminio a fuego bien lento durante el tiempo que lleve su hervor, revolver constantemente con cuchara de madera para que no se pegue y permita que la fruta desprenda todo el jugo. Si se desea con semillas una vez que largó todo el jugo agregar el azúcar y seguir revolviendo hasta conseguir la consistencia deseada. De lo contrario colar la pulpa y el jugo obteniendo un líquido muy suave y libre de impurezas.
A esta altura colocarlo en otro recipiente y agregarle el azúcar; cocinar a fuego lento durante el tiempo gue lleve su punto de cocción deseada.

✓ Conservación Hervir un frasco de vidrio y su correspondiente tapa durante 10 minutos, sacar del agua y dejar que se seque, aquí colocar el dulce caliente hasta el borde del frasco y en caliente tapar.

✓ Para seguridad hervir el frasco a baño maría durante 15 minutos.

Confiture de baies de sureau

Ingrédients

Baies de sureau 1 kg.
Sucre 700 g.

Préparation

Mettez les baies dans une casserole en aluminium et faites cuire à petit feu jusqu'au moment del'ébullition, enremuant sans arrêt. Lorsque les fruits ont laissé échapper leur jus, ajoutez le sucre et continuez à remuer jusqu'à obtention de la consistance désirée. Pour une confiture sans pépins, faites passer la poulpe et le jus au chinois. Mettez la préparation dans un autre récipient, ajoutez le sucre et faites cuire jusqu'à obtention du point de cuisson désirée. Pendant ce temps, faites bouillir pendant 10 minutes un flacon en verre avec son bouchon; retirez, laissez sécher. Versez-y la confiture chaude, fermez le flacon. Pour plus de sécurité, faites bouillir le flacon au bain-marie pendant 15 minutes.

Sauco sweet

*regional fruit

Ingredients

Sauco (fruit) 1 kg.
Sugar 700 grs.

Preparation

Put the fruit on an aluminum pan and to a very slow flame until the boiling point, mix constantly so that it doesn't stick and let the fruit detach all the juice. If wished, with seeds. Once all the juice is got add the sugar and follow mixing until obtaining the wished consistence. On the contrary strain the flesh and the juice obtaining a very soft liquid free from impurities.
Now put it on other recipient and add, the sugar cook to slow flame during the time that takes their wished boiling point.

✓ Conservation: Boil a glass flask and their corresponding lid, during 10 minutes, remove from the water and let them dry, here put the hot sweet until the top of the flask, and cover while hot.
✓ For safety boil the flask to bain-marie during 15 minutes.

Strudel de manzanas

Ingredientes

Manzanas verdes ralladas gruesas 7
Nueces picadas 50 grs.
Pasas de uva 100 grs.
Manteca o margarina 150 grs.
Harina común 300 grs.
Canela molida 1 cucharada sopera
Aceite 3 crdas.
Pizca de sal fina
Pan rallado 1 taza
Azúcar 250 grs.

Preparación de la masa

Colocar sobre una superficie harina en forma de corona, agregar 3 cucharadas de aceite, la sal y 1/2 taza de agua fría, ligar y amasar (tratar de golpear la masa sobre la superficie hasta lograr un bollito uniforme libre de grumos, arrugas o poros) Dejar reposar en un bols cubierto en aceite durante 2 horas. Siempre en un lugar cálido. Sacar del bols y escurrir.
Tomar una tela, harinarla y estirarla sobre una mesa, colocar sobre ella la masa y estirarla con mucho cuidado con las yemas de los dedos hasta que quede casi transparente: Aquí colocar sobre la masa la manteca derretida, luego el azúcar, el pan rallado, la canela y las nueces, todo en forma de lluvia sobre la superficie de la masa. Luego disponer las manzanas ralladas en una línea y sobre ella colocar las pasas y con la ayuda de la tela enrollar la masa. En un molde enmantecado colocar la preparación y moldear muy suavemente para que quede en forma de rosca, espolvorear con azúcar toda su superficie y llevar al horno a fuego medio durante 45 minutos.
Comer tibia con crema batida.

Sra. Carmen Alarcón
S. C. de Bariloche

Strudel aux pommes

Ingrédients

Pommes vertes râpées 7
Noix hachées 50 g.
Raisins secs 100 g.
Sucre 250 g.
Beurre ou margarine 150 g.
Farine ordinaire 300 g.
Huile 3 cuillerées
Tasse de chapelure 1
Cannelle en poudre 1 cuillerées
Pincée de sel fin 1

Préparation

Disposez la farine sur une surface; faites-y un creux pour y placer 3 cuillerées d'huile, le sel et une demitasse d'eau. Mélangez et pétrissez. Essayez de frapper la pâte sur la surface jusqu'à obtention d'une boule uniforme, sans grumeaux, rides nipores. Mettez dans un bol, recouvrez d'huile et laissez reposer au chaud. Retirez et égouttez. Prenez un morceau de toile, farinez-le et étendez-le sur une table. Placez-y la pâte et étalez la très soigneusement avec les doigts jusqu'à ce qu'elle soit presque transparente. Placez par-dessus le beurre fondu et laissez tomber en pluie le sucre, la chapelure, la cannelle et les noix. Disposez les pommes râpées en ligne, couvrez avec les raisins et roulez la pâte à l'aide de la toile. Beurrez un moule en couronne et versez-y la pâte. Saupoudrez avec du sucre et faites cuire à four moyen pendant 45 minutes. Servez tiède avec de la crème fouettée.

Apples strudel

Ingredients

Green apples (grated thick) 7
Minced nuts 50 grs.
Raisin 100 grs.
Sugar 250 grs.
Butter or margarine 150 grs.
Common flour 300 grs
Oil 3 spoonfuls
Fine salt pinch
Bread crumbs 1 cup
Ground cinnamon 1 spoonful

Preparation of the bulk:

put the flour on a surface in the form of crown, add 3 oil spoonfuls, the salt and 1/2 cold water cup, bind and knead (try beating the pastry on the surface until getting a little uniform boll, free of grumes, creases or pores). Let it rest in a covered bowl oiled during 2 hours. Always in a warm place. Take from the bowls and drain. Take a cloth, flour and stretch it on a table, put the pastry on it and stretch it with much care with the yolks of the fingers until it looks almost transparent. Here put on the mixture the melted butter, then the sugar, the rasped bread, the cinnamon and the nuts, all in the form of rain on the surface of the pastry, then place the grated apples in a line and on this, put the pass with the aid of the cloth, roll the pastry. In a buttered mold put the preparation and mold very gently so that remain in the form of crown, powder with sugar all the surface and take to the oven to middle flame during 45 minutes, eat warm with beaten cream.

Jabalí con salsa de frambuesas

Ingredientes

Un lomito de jabalí de 3 kg.
Manteca 50 grs.
Sal y pimienta a gusto
Ají molido 1 cucharada

Preparación

Recetas de Alta Cocina

Enmantecar una bandeja para horno y colocar el lomo, salpimentar a gusto, agregar el ají molido en forma uniforme y cocinar a fuego fuerte en el horno durante una hora.

Ingredientes para la salsa

Frambuesas al natural 1 frasco
Licor fuerte 1 cucharada

Preparación de la salsa

En una cacerola volcar el contenido del frasco de frambuesas y a fuego muy lento cocinar, al romper el primer hervor incorporar el licor, seguir cocinando hasta que quede bien espesa, de no ser así, colocar maizena diluída en agua y revolver bien al sacar del fuego.
Servir el lomo cortado en rodajas medianas, volcar la salsa sobre éste y acompañar con puré de manzanas o arroz blanco.

Cocinera Blanca
Establecimiento Familia Weiss
S. C. deBariloche

Sanglier aux framboises

Ingrédients

Filet de sanglier 3 kg.
Beurre 50 g.
Chili moulu 1 cuillerée à thé
Sel, poivre

Préparation

Beurrez un platàfour, placez-y le filet, salez et poivrez à votre goût. Saupoudrez de chili moulu et faites cuire à four chaud pendant une heure.

Pour la sauce

Flacon de framboises au naturel 1
Liqueur forte 1 cuillerée à soupe

Préparation de la sauce

Versez le contenu du flacon dans une casserole et portez très doucement à l'ébullition. Aumoment où le mélange frémit, arrosez avec la liqueur et poursuivez la cuisson jusqu'à obtention d'une sauce bien épaisse. Sinon, au moment du retirer du feu, délayez de la maïzena avec de l'eau froide et faites la liaison en tournant régulièrement.
Coupez le filet en trunches, nappez avec la sauce et servez avec purée de pommes ou riz créole.

Boar with raspberries sauce

Ingredients

Loin of boar 3 kg.
Butter 50 grs.
Salt and pepper to taste
Ground chili 1 teaspoonful

Preparation

Pour the content of the raspberries flask in a pan and to very slow flame cook, upon breaking the first boiling, incorporate the liquor, follow cooking until it remains well thick, if not, put maizena dissolved in water, mix well to when removing from the flame. Serve the loin cut in median slices, pour the sauce on this and accompany with apples mash or white rice.

Sauce ingredients

Raspberries flask to the natural 1
Strong liquor spoonful 1

Preparation sauce

Butter a bake dish, put the loin, season to taste, add the ground chili in a uniform form and cook in oven during one hour to strong flame.

Paté de ciervo

Ingredientes

Carne de ciervo ahumado 1 kg.
Manteca 2 kg.

Preparación

Cortar la carne de ciervo ahumada y elegida de partes tiernas en pequeños trozos y llevar a la procesadora hasta lograr triturarla por completo, aquí incorporar la manteca y nuevamente procesar hasta lograr una pasta homogénea de muy buen aspecto y muy fina.

Cocinera Blanca
Establecimiento Familia Weiss
S. C. deBariloche

Recetas de Alta Cocina

Paté de cerf

Ingrédients

Viande fumée de cerf 1 kg.
Beurre 2 kg.

Préparation

Choisissez la viande fumée parmi les parties les plus tendres. Coupez-la en petits morceaux; passez-les au mixeur jusqu'à ce qu'ils soient tout à fait écrasés. Ajoutez le beurre et faites fonetionner l'appareil à nouveau jusqu'à obtention d'une pàte homogène et très fine.

Deer pate

Ingredients

Smoked deer meat 1 kg.
Butter 2 kg.

Preparation

Cut the smoked and chosen deer meat of mellow parts, in small pieces and take to processing until it is completely mashed, here to incorporate the butter and again process until getting a homogeneous paste of very good and fine aspect.

Trucha a la Bohemia

Ingredientes

Trucha de 300 g (cocida al horno durante 12') 1
Cebolla de verdeo 30 grs.
Caldo de verduras 1/2 copa
Manteca 20 grs.
Crema 25 grs.
Ralladura de un limón 1/2
Alcaparras 10 grs.
Almendras picadas 20 grs.
Coñac 1 chorro
Sal y pimienta a gusto

Preparación guarnición

Terrín de verduras
Ingredientes proporciones a gusto
Calabaza, zanahoria, acelga, batata
Huevo 1
Queso parmesano a gusto
Sal y pimienta a gusto

Recetas de Alta Cocina

Licuar cada una de las verduras por separado, colocarles a cada una los condimentos, el huevo y el queso rallado posteriormente y en un molde enmantecado ir colocando cada una de las verduras en forma de capa y cocinar en el horno a baño maría durante 30 ó 35 minutos:

Preparación de la salsa

En una sartén derretir la manteca y colocar la cebolla de verdeo picada saltear y agregar el caldo de verduras, las almendras, la ralladura del limón, las alcaparras y la crema. Cocinar a fuego lento hasta que rompa el hervor. Salpimentar y darle el toque final con un chorrito de coñac.
Servir la trucha caliente en un plato y volcar sobre ella la salsa caliente; desmoldar el terrin de verduras.

Chef Mario Cuevas
Estab. La Bohemia
S. C. de Bariloche

Truite à la Bohème

Ingrédients
Truite de 300 g (cuite au four pendant 12 minutes) 1 /Jeunes oignons 30 g. /Berre de bouillon de légumes 1/2 /Beurre 20 g. /Crème fraîche 20 g. /Zeste d'un demi citron / Câpres 10 g. /Amandes hachées 20 g. /Filet de cognac 1 /Sel, poivre

Garniture, Terrine de légumes. Ingrédients
Courges, proportions à votre goût /Carottes, proportions à votre goût /Bettes, proportions à votre goût /Patates douces, proportions à votre goût /Oeuf 1 /Parmesan râpé

Préparation de la terrine de légumes
Passez au mixeur chaque légume séparément; salez et poivrez, ajoutez l'oeuf, parsemez de parmesan râpé. Disposez des couches de légumes dans un moule beurré et faites cuire au four au bain-marie pendant 30 ou 35 minutes.

Préparation de la sauce
Dans une poêle faites fondre le beurre et faites-y revenir le jeune oignon haché. Ajoutez le bouillon de Iégumes, les amandes, le zeste de citron, les câpres et la creme fraîche. Faites cuire à petit feu jusqu'à ébullition. Salez, poivrez et versez le filet de cognac.
Disposez la truite chaude sur un plat, nappez avec la sauce chaude et démoulez la terrine de légumes.

Trout to the Bohemian

Ingredients
Trout of 300 g (baked during 12 minutes) 1 /Spring onion 30 grs. /Broth of vegetables 1/2 glass /Butter 20 grs. /Cream 25 grs./Grated lemon rind (1/2lemon) /Capers 1O grs. / Minced almonds 20 grs. /Brandy 1 gush /Pepper and salt (to taste)

Accompaniment preparation
Terrin of vegetables/Proportion ingredients to taste: Carrot, gourd, chard, sweet-potato / Egg 1 /Salt and pepper to taste /Parmesan cheese to taste

Liquefy each one of the vegetables separately, put each one the species, the egg and the rasped cheese, place them on a buttered mold, go putting each one of the vegetables in fhe form of cap and cook in the oven to bain-marie during 30 /35 minutes.

Preparation of the sauce
In a frying pan melt the butter and put the minced spring onion stung, to sauté and add the broth of vegetables, the almonds, the grated lemon rind, the capers and the cream, cook to slow flame until it breaks the boiling, season and give the final touch with a little gush of brandy.
Serve the hot trout in a dish, pour hot sauce and remove from a mould the terrin of vegetables.

Hongos en escabeche

Ingredientes

Hongos de pino limpios (hervidos en agua con el 20 % de vinagre) 1 kg. Ajo 3 dientes
Cebollas medianas (juliana) 3
Zanahorias hervidas y luego cortadas en fetitas 3
Morrón rojo y verde (picados previamente y hervidos) 1
Cebolla de verdeo picada y rehogada 50 grs.
Hojas de laurel a gusto
Agua 1 taza
Vinagre 1 taza
Aceite de uva 1 taza
Sal y pimienta en grano blanca a gusto

Preparación

En una cacerola colocar un chorrito de aceite de uva y rehogar los ajos, agregar todo lo hervido: cebollas, hongos, zanahorias, morrones, cebollas de verdeo y hojas de laurel. Salpimentar a gusto, colocar las tazas de agua, vinagre y aceite y cocinar a fuego lento unos 10 minutos más. Revolver con cuidado. Retirar.
Envasar en caliente en frasco de vidrio esteriliZado.
Una vez tapado, llevar a baño maría durante 1/2 hora, luego sacar y colocar sobre un cartón los frascos con la tapa hacia abajo para verificar que no pierdan

Establecimiento Poco a Poco
Sr. Muñoz y Sra. Oyarzo
El Bolsón

Champignons en escabeche

Ingrédients

Champignons de pin, cuits à l'eau au 20 % de vinaigre 1 kg. /Ail 3 gousses /Oignons coupés en julienne 3 /Carottes cuites à l'eau et coupées en petites rondelles 3 / Poivron rouge et 1 poivron vert, cuits à l' éau et hachés 1 /Jeunes oignons hachés et dorés 5Og. /Tasse d'eau 1 / Tasse de vinaigre 1 / Tasse d'huile de raisin 1 /Feuilles de laurier /Sel, poivre blanc en grains

Préparation

Faites chauffer dans une casserole un filet d'huile de raisin; faites-y revenir l'ail. Ajoutez les champignons, les oignons, les carottes, les poivrons, les jeunes oignons, les feuilles de laurier, sel et poivre. Arrosez avec l'eau, l' huile et le vinaigre et faites mijoter pendant 10 minutes environ. Remuez soigneusement et retirez. Versez la préparation chaude dans un flacon en verre stérilisé. Fermez-Ie et réchauffez à bain-marie pendant une demi-heure. Retirez le flacon et mettez-le bouchon en bas sur un carton, pour vérifier que le liquide ne s'écoule pas.

Pichlea fungi

Ingredients

Clean fungi (boiled in water with 20 % of vinegar) 1 kg. /Garlic 3 teeth /Median onions (little pieces) 3 /Boiled carrots and then cut in slice 3 /Minced sweet red pepper 1 and sweet green pepper 1 minced previously boiled /Minced spring onion (to fry lightly) 5O grs. /Salt and white pepper in grain (to taste) /Bay leaf (to taste) / Water 1 cup /Vinegar 1 cup /Grape oil 1 cup

Preparation

Put a little gush of grape oil in a pan and fry lightly the garlic, add all what is boiled: onions, fungi, carrots, sweet red pepper, sweet green pepper, spring onions, bay leaf add salt and pepper to taste, put the water cups, vinegar and oil, and cook to slow flame some 10 minutes more. Mix with care. Remove.
Pack in hot in sterilized glass flask. Once covered, take to bain-marie, 1/2 hour, then remove and put the flasks with the Iid down, to verify that they do not lose liquid.

Pan de zarzamora

Ingredientes

Zarzamora 1 kg.
Miel 25 grs.
Azúcar 1 kg.

Preparación

Colocar en una cacerola la zarzamora, incorporar el azúcar y cocinar a fuego lento sin dejar de revolver con cuchara de madera; seguir la cocción durante una hora, agregar la miel y cocinar 1/2 hora más.
Posteriormente y en caliente se coloca en un molde de madera y se deja enfriar, luego se envasa en lámina de resinite sacándose, para su mejor conservación, el aire que pudiera quedar con calor.

Jorge Ramírez
Establecimiento Los Cipreses
El Bolsón

Recetas de Alta Cocina

Pain au zarzamora (mûre sauvage)

Ingrédients

Zarzamoras 1 kg.
Sucre 1 kg.
Miel 25 g.

Préparation

Mettez les fruits dans une casserole, ajoutez le sucre et faites cuire à petit feu pendant une heure en remuant sans arrêt avec une cuiller en bois. Incorporez le miel et poursuivez la cuisson pendant une demi-heure. Versez la préparation encore chaude dans un moule en bois, laissez refroidir. Enveloppez dans une lame de resinite, en retirant l' air qui pour rait y rester.

Blackberry bread

Ingredients

Blackberry 1 kg.
Sugar 1 kg.
Honey 25 grs.

Preparation

Put the blackberry on a pan, incorporate the sugar and cook to slow flame, don't stop mixing with wood spoon, follow the boiling during an hour, add the honey and cook 1/2 hour more.
There in after and in hot, it is put on a woodmold let it cool and then is packed in laminates of resin being removed the air that could remain, for their better conservation.

Provincia de Chubut

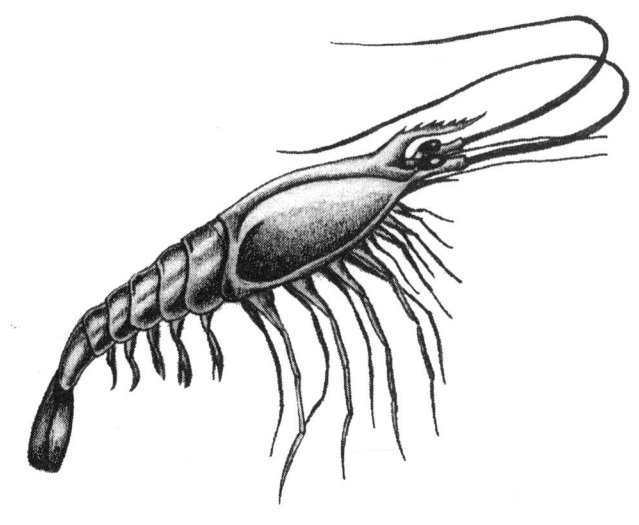

Arrollado de queso con mejillones

Ingredientes para la masa

Harina 20 cucharadas soperas colmadas
Levadura 25 grs.
Manteca o aceite 1 cucharada
Leche tibia cantidad necesaria
Sal 1 cucharada

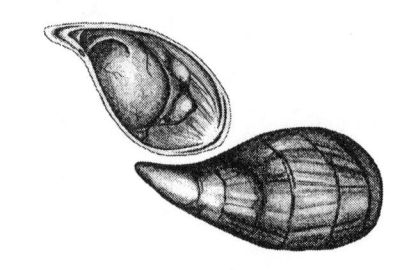

Ingredientes para el relleno

Mejillones precocidos 1/4 kg.
Cebollas grandes cortadas en juliana y rehogadas en manteca 2
Queso fresco 1/2 kg.
Orégano, perejil y ají molido a gusto

Preparación

Colocar dentro de un recipiente la levadura, sal a gusto, harina, una cucharada de manteca y leche tibia necesaria para formar una masa bien trabajada y elástica; amasar con palo y dejar levar (se puede salpicar la masa con pedacitos de ajo y orégano si se desea)
Posteriormente dejar caer una capa de harina sobre la masa y estirarla sobre una mesa, agregar sobre ella y en forma bien repartida la cebolla previamente rehogada, los mejillones, el orégano, el ají molido y el queso fresco bien distribuido, salpimentar a gusto. Doblar cuidadosamente los extremos hacia el interior y terminar de enrollar la masa en forma de arrollado. Colocarla sobre una fuente para horno enmantecada y enharinada.
Rociar con un poquito de manteca derretida la superficie del arrollado y llevar al horno por 15 ó 20 minutos.

Don José
Puerto Madryn

Roulade de fromage aux moules

Ingrédients

Pour la pâte: Levure 25g. /Sel 1 cuillerée /Soupe pleines de farine 20 cuillerées / Huile ou de beurre 1 cuillerée /Lait tiède

Pour la farce: Oignons gros, coupés en julienne et dorés au beurre chaud 2 / Fromage frais 1/2 kg. /Moules préalablement cuites 1/4 kg. /Origan, persil, chili moulu, sel, poivre

Préparation

Mettez dans une terrine la levure, le sel, la farine, le beurre et ce qu'il faut de lait tiède pour faire une pâte bien travaillée et élastique. Étalez avec le rouleau et laissez lever. Vous pouvez la saupoudrer d'origan et de petits morceaux d'ail. Puis, versez une couche de farine sur la pâte et étalez celle-ci sur une table. Mettez par-dessus les oignons, les moules, l'origan, le chili et le fromage frais. Salez et poivrez à votre goût. Pliez les bords de la pâte vers l'intérieur et roulez celle-ci comme un saucisson. Farinez et beurrez un plat à four et placez-y la roulade. Nappez avec un peu de beurre fondu et cuisez au four pendant 15 ou 20 minutes.

Cheese rolls with mussels

Ingredients for the pastry

Yeast 25 grs. /Salt 1 spoonful /Flour 20 full spoonfuls /Butter or oil 1 spoonful /Warm milk, necessary quantity

Ingredients for the stuffed

Big onions, cut in little pieces and sauté in butter 2 /Fresh cheese 1/2 kg. /Precooked mussels 1/4 kg. /Origan, parsley, ground chili (to taste)

Preparation

Put within a pot the yeast, salt to taste, flour, a sponnful of butter and the warm milk necessary to form a well worked and elastic pastry, knead with stick.
Small pieces of garlic and oregano can be added to the mixture if wished.
Then, pour a flour cap on the pastry and stretch it on the table, add, in a well distributed form, the onion, previously fried; the mussels, the oregano, the ground chili and fresh cheese, season to taste. Bend carefully the extremes toward interior and end of rolling the pastry, in the form of a roll. Put it on a buttered and floured baker dish. Spray with a little melted butter the surface of the roll and take to the oven by 15/20 minutes.

Macarrones al horno con salsa de mejillones

Ingredientes

Macarrones de codo 500 grs.
Mejillones limpios 250 grs.
Cebollas picadas 2
Tomate maduro sin piel 1
Vino blanco 1 copa
Mostaza 1 cucharada
Queso cremoso 150 grs.
Queso roqueford 50 grs.
Ajo 1 diente
Orégano 1 cucharada
Aceite
Perejil cantidad necesaria
Pimienta y sal a gusto

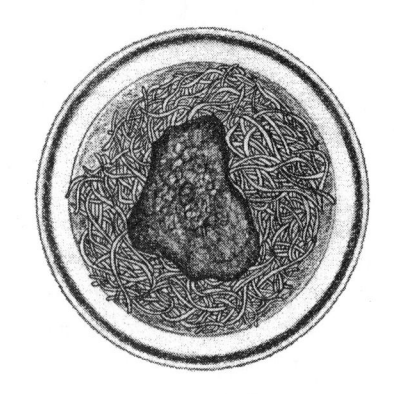

Preparación

Calentar aceite en una sartén. Incorporar picados la cebolla, el diente de ajo y el perejil. Rehogar unos minutos, añadir los mejillones y el tomate triturado, salar a gusto. Agregar la mostaza, la pimienta y el vaso de vino. Seguir cocinando a fuego medio sin dejar de revolver unos 10 minutos, A esta altura colocar los quesos y cocinar hasta que éstos se derritan por completo. Mientras tanto hervir los macarrones en agua hasta que queden al dente, escurrirlos y ponerlos en una fuente para horno, volcando sobre ellos la salsa hasta cubrir, espolvorear con perejil picado.
Dejar cocinar a fuego alto unos 8 minutos. Servir.

Macaroni sauce aux moules

Ingrédients

Macaroni 500 g.
Oignons hachés 2
Ail 1 gousse
Tomate mûre épluchée 1
Verre de vin blanc 1
Moutarde 1 cuillerée
Fromage crémeux 150 g.
Roquefort 50 g.
Huile, quantité suffisante
Persil, quantité suffisante
Origan 1 cuillerée à thé
Moules nettoyées 250 g.
Sel, poivre

Préparation

Faites chauffer l'huile dans une poêle, mettez-y l'oignon, l' áil et le persil hachés; faites-les rissoler quelques minutes. Ajoutez les moules et la tomate écrasée, salez a votre goût. Incorporez la moutarde, poivrez, arrosez avec le vin blanc. Faites cuire à feu moyen en remuant sans arrêt pendant 10 minutes environ. Á ce moment ajoutez les fromages et faites cuire jusqu'à ce que ceux-ci soient tout à fait fondus. Pendant ce temps faites cuire les macaroni à l'eau bouillante jusqu'à ce qu'ils soient "al dente". Égouttez-les et disposez-les sur un plat à four. Nappez avec la sauce et saupoudrez de persil haché. Faites cuire à four vif pendant environ 8 minutes. Servez.

Macarronis to the oven with mussels sauce

Ingredients

Elbow macarronis 500 grs.
Clean mussels 250 grs.
Minced onions 2
Mature tomato without skin 1
White wine 1 glass
Mustard 1 spoonful
Cream cheese 150 grs.
Roquefort cheese 50 grs.
Parsley, necessary quantity
Pepper and salt to taste
Garlic 1 clove
Oregano 1 teaspoonful Oil

Preparation

Put oil to heat in a pot. Incorporate the minced onion, the garlic tooth and the parsley. Fry lightly some minutes, add the mussels and the mashed tomato, salt to taste, add the mustard, the pepper, the wine glass. Follow cooking to middle flame always mixing some 10 minutes. Now put the cheeses and cook until these are completely melted. Meanwhile boil the macarronis in water until right point tooth, drain them and put them on a dish for oven, pour the sauce on them until covering, powdering with minced parsley. Let it cook to high flame some 8 minutes. Serve.

Pulpos con ajos al coñac

Ingredientes

Pulpo 500 grs.
Ajo 3 cabezas
Cebollas 2
Morrón 1
Sal, pimienta y perejil a gusto

Preparación

Golpear los pulpos y luego limpiarlos bien. Colocarlos en un recipiente con agua y una cebolla, cocinar durante unos 20 minutos, retirarlos, cortarlos en trozos. Picar la cebolla restante, el morrón y el ajo, colocarlos en un sartén con manteca, rehogarlos unos minutos. Agregarle sal y pimienta a gusto, cocinar unos 5 minutos. Agregar el perejil y una copa de coñac, flambear, retirar del fuego.
Acompañar con papas al natural cortadas en dados o redondas.

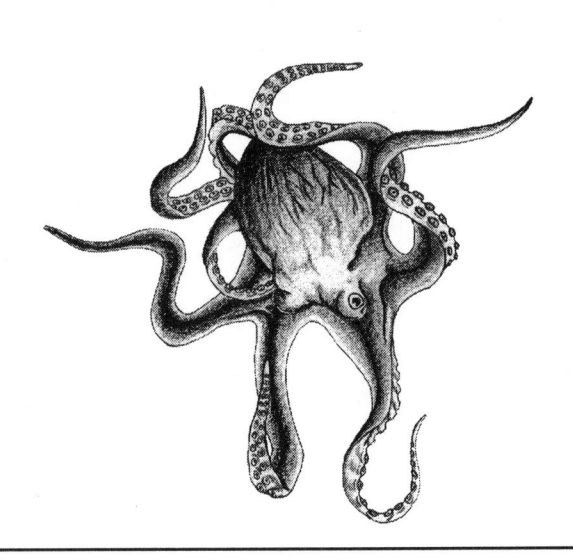

Poulpe au cognac

Ingrédients

Poulpe 500 g.
Ail 3 têtes
Oignons 2
Poivron rouge 1
Verre de cognac 1
Persil
Sel
Poivre

Préparation

Frappez le poulpe pour l'attendrir, puis lavez-le. Mettez-le ensuite dans une casserole, recouvrez-le d'eau, ajoutez un oignon et laissez bouillir pendant 20 minutes. Retirez-le et coupez-le en morceaux. Hachez les oignons, le poivron et l'ail. Faites-les revenir au beurre chaud dans une poêle pendant quelques minutes. Jetez y les morceaux de poulpe, salez et poivrez à votre goût et faites cuire pendant 5 minutes. Ajoutez le persil et arrosez avec le cognac que vous ferez, flamber. Retirez du feu. Accompagnez de pommes de terre vapeur.

Octopuses with garlic to the brandy

Ingredients

Octopus 500 grs.
Garlic 3 heads
Onions 2
Sweet red pepper 1
Salt, pepper and parsley to taste

Preparation

Beat the octopuses and clean them well. Put them on a pot with water and an onion; cook during some 20 minutes, remove them, cut them in pieces. Mince the onions, the sweet red pepper and the garlic, put them on a pan with butter, fry lightly some minutes. Add salt and pepper to taste, cook some 5 minutes. Add the parsley and a brandy glass, flambé, remove from the flame.
Accompany with potatoes to the natural cut in dices or round.

Riñones de cordero al vino blanco

Ingredientes

Riñoncitos de cordero 500 grs.
Ajo 1 cabeza
Perejil 2 cucharadas
Vino blanco 200 cc.
Manteca 50 grs.
Harina 1 cucharada
Jugo de limón 1/2 vaso
Sal a gusto

Preparación

En una sartén profunda colocar la manteca y a fuego medio derretir. Incorporar los riñoncitos bien lavados en mitades y rehogar unos minutos, agregar los ajos picados, el perejil y la sal. Revolver, incorporar el vino y el jugo de limón. Cocinar a fuego medio hasta que se tiernicen los riñones y la salsa se reduzca; para espesarla agregar en forma de lluvia una cucharada de harina y retirar del fuego. Servir caliente con puré de papas bien condimentado.

Rognons d'agneau au vin blanc

Ingrédients

Rognons d'agneau 500 g.
Tête d áil 1
Persil 2 cuillerées
Vin blanc 200 cc.
Beurre 50 g.
Farine 1 cuillerée
Jus de citron 1/2 verre

Préparation

Dans une poêle profonde, faites fondre le beurre à feu moyen; jetez-y les rognons lavés et partagés en deux, faites-les revenir quelques minutes. Ajoutez l'ail haché, saupoudrez avec le persil, salez. Remuez, arrosez avec le vin et le jus de citron; faites cuire à feu moyen jusqu'à ce que les rognons s'atendrissent et la sauce réduise. Pour l'épaissir, laissez tomber la farine en pluie; retirez du feu. Servez chaud avec une purée de pommes de terre bien assaisonnée.

Lamb kidneys to the white wine

Ingredients

Lamb kidneys 500 grs.
Garlic 1 head
Parsley 2 spoonfuls
White wine 200 cc.
Butter 50 grs.
Flour 1 spoonful
Lemon juice 1/2 glass

Preparation

In a deep pan, put the butter, to middle flame to make it melt, incorporate the little kidneys well washed in halves, fry lightly some minutes, add the minced garlics, the parsley and the salt. Mix, incorporate the wine and the lemon juice, cook to middle flame until the kidneys be soft and the sauce reduced, to thick the sauce add a flour spoonful in form of rain, and remove from the flame.
Serve hot with mashed potatoes well relished.

Torta Negra Galesa

Ingredientes

Manteca 2 tazas
Harina 2 tazas
Pasas de uva 2 tazas
Pasas sultana (sin semillas) 1 taza
Fruta abrillantada 1 taza
Nueces picadas 1 taza
Azúcar (para acaramelar) 1 1/2 kg.
Huevos 3
Polvo de hornear 2 cucharadas
Bicarbonato 1 cucharada
Nuez moscada rallada 1 cucharada
Clavo de olor 1/2 cucharadita
Canela 1 cucharadita
Limón exprimido y la ralladura de la cascara 1
Leche agria 1 taza
Coñac 1 vacito

Recetas de Alta Cocina

Preparación

Se limpian las pasas y se remojan en coñac, se quema una taza de azúcar y al resto se la bate con la manteca y los huevos hasta lograr una mezcla bien cremosa. Finalmente se incorporan la fruta abrillantada, las pasas y las nueces.
En otro recipiente se mezclan todos los ingredientes secos y posteriormente se alternan con la preparación anterior, así también se agrega el azúcar quemada diluida en una taza de agua caliente, el jugo y la ralladura del limón, la leche agria y el licor. Se Mezcla bien hasta que tome una consistencia más bien blanda. Por último se incorpora el bicarbonato diluido en un chorrito de leche agria.
Finalmente se vuelca en un molde forrado de papel manteca con doble enmantecado y se hornea a fuego lento durante 1 1/2 hs.

Sra. Lucia Underwood
Establecimiento Nain Maggie
Trevelin

Gâteau noir gallois

Ingrédients

Beurre 2 tasses
Farine 2 tasses
Raisins de Corinthe 2 tasses
Raisins de Smyrne 2 tasses
Fruits confits 1 tasses
Noix hachée 1 tasses
Sucre 1 1/2 kg. Oeufs 3
Baking powder 2 cuillerées a café
Bicarbonate 1 cuillerées a café
Noix muscade râpée 1 cuillerées a café
Cannelle 1 cuillerées a café
Clou de girofle 1/2
Jus d'un citron
Zeste de citron râpé
Tasse de lait acide 1
Cognac 1 petit verre

Préparation

Lavez les raisins, faites-les macérer dans le cognac. Brûlez une tasse de sucre, mettez le reste dans un récipient avec le beurre et les oeufs. Battez jusqu'à obtention d'un mélange bien crémeux. Ineorporez les fruits confits, les raisins et les noix. Dans un autre récipient, mélangez tous les ingrédients secs; vous les ferez alterner avec la préparation antérieure. Ajoutez aussi le sucre brûlé et délayé dans une tasse d'eau chaude, le jus de citron, le zeste râpé, le lait acide et la liqueur. Mélanget bien jusqu'à obtention d'une pâte plutôt moelleuse. Incorporez en fin le bicarbonate délayé dans un filet de Iait acide. Versez la pâte dans un moule chemisé de papier sulfurisé beurré et faites cuire à four doux pendant une heure et demie.

Welsh Black Cake

Ingredients

Butter 2 cups
Flour 2 cups
Pass of grape 2 cups
Pass sultana (without seed) 1 cup
Dried fruit 1 cup
Minced nuts 1 cup
Sugar (to candy) 1 1/2 kg.
Eggs 3
Baking powder 2 teaspoonfuls
Bicarbonate 1 teaspoonful
Rasped nutmeg 1 teaspoonful
Smell nail 1/2 teaspoonful
Cinnamon 1 teaspoonful
Squeezed lemon
and the grated lemon rind 1
Sour milk 1 cup
Brandy 1 small cup

Preparation

Clean the pass and soak them in brandy, burn a sugar cup and beat the rest, with the butter and the eggs, until getting a well creamy mixture. Finally incorporate the dried fruit, pass and the nuts. In other recipient mix all the dry ingredients and there in after alternate with the previous preparation, also add the burnt sugar diluted in a hot water cup, the juice of the lemon, the grated Iemon rind, the sours milk and the liquor. Mix well until take a rather tender consistence. At the end incorporate the bicarbonate diluted in sours milk (small gush). Finally pour in a Iined paper buttered double mold and bake to slow flame 1 1/2 hs.

Arroz con mariscos

Ingredientes 4 personas

Mariscos (cholgas, mejillones, almejas, langostinos, calamaretes, vieyras) 700 grs.
Aceite 1 pocillo
Cebolla 1/2 kg.
Morrón rojo 1
Arroz (hervidos al dente) 4 pocillos
Azafrán cantidad necesaria
Caldo de verduras cantidad necesaria
Sal, pimienta y pimentón español a gusto

Preparación

En una sartén profunda dorar en aceite la cebolla y el morrón hien picados, rehogar bien, incorporar todos los mariscos (precocidos) y el arroz, al dente. Se condimenta con las especias de elección, se sala a gusto, se agrega el azafrán y el caldo de verduras y se cocina a fuego medio hasta que todo esté al punto de cocción deseado.

Sr. Carlos Vega
Establecimiento El Viejo Torino
Camarones

Recetas de Alta Cocina

Riz aux coquillages

Ingrédients pour 4 personnes

Coquillages (cholgas, moules, clovisses, crevettes, petits encornets, coquilles Saint-Jacques) 700 g.
Huile 1 tasse à café
Oignons 1/2 kg.
Poivron rouge 1
Riz cuit 4 tasses à café
Bouillon de Iégumes (quantité suffisante)
Safran
Piment doux espagnol en poudre
Sel, poivre

Préparation

Faites chauffer dans une poêle profonde l'huile, faites-y revenir les oignons et le poivron finement hachés. Ajoutez les coquillages préalablement cuits et le riz, saupoudrez de piment doux espagnol. Salez et poivrez a votre goût et perfumez avec le safran. Recouvrez avec le bouillon de légumes et faites cuire à feu moyen, jusqu'á ce que tout soit a point.

Rice with seafood

Ingredients For 4 persons

Seafood (cholgas, mussels, clams, pruwns, calamaretes, vieyras) 700 grs.
Oil 1 little cup
Onion 1/2 kg.
Sweet red pepper 1
Pepper, salt, spanish paprika to taste
Rice 4 cups (boiled to tooth)
Saffron necessary quantity
Broth of vegetables necessary quantity

Preparation

In a deep pan, brown the onion and the well minced sveet red pepper, in oil fry lightly well, incorporate all the seafood (precooked) and rice to tooth, relish with the election spices, salt to taste, add the saffron and the broth of vegetables and cook to middle flame until all the stew gets the wished boiling point.

Salmón a la plancha

Ingredientes

Salmón fresco de mar 1
Ajo 3 dientes medianos
Perejil 1 ramito
Aceite
Sal a gusto

Preparación

Calentar muy bien una sartén, agregar una gota de aceite, cortar el salmón en medallones medianos (espesor ideal de 1 1/2 cm.). Dorar y sellar del primer lado, dar vuelta y agregar todos los condimentos picados: perejil, ajo y sal a gusto. Terminar la cocción hasta que esté a punto. Retirar.
Servir acompañado de ensalada mixta.

Sr. Carlos Vega
Establecimiento El Viejo Torino
Camarones

Recetas de Alta Cocina

Saumon grillé

Ingrédients

Saumon frais (de mer) 1
Ail moyennes 3 gousses
Huile
Persil
Sel

Préparation

Faites bien chauffer une poêle, y versez une goutte d'huile. Découpez le saumon en tranches de 1 1/2 cm d'épaisseur. Laissez dorer chaque tranche sur une face, retournez sur l'autre face, ajoutez l'ail et le persil hachés, salez. Poursuivez la cuisson jusqu'à ce que le poisson soit à point. Retirez. Servez accompagné d'une salade mixte (laitue et tomates).

Salmon grille

Ingredients

Fresh sea salmon 1
Median garlic teeth 3
Parsley sprig
Oil
Salt to taste

Preparation

Heat very well a frying pan, add an oil drop, cut the salmon in mediam medallions (ideal a thickness of 1 1/2 cm.). Brown and seal of one side, turn down and add all the minced spices parsley, garlic and salt to taste; end the boiling when it is just wright. Remove. Serve accompanied of mixed salad.

Licor de Calafate

Ingredientes

Calafate 3 kg.
Alcohol fino (vegetal) 1 lt.
Agua 1 lt.
Azúcar 1/2 kg.

Preparación

a) guardar en una damajuana los 3 kg. de calafate con el litro de alcohol vegetal durante 3 meses en un lugar cálido y tapado a temperatura ambiente (ideal 25° C.)
b) pasado ese tiempo retirar la fruta del interior de la damajuana.
c) con el agua y el azúcar hacer un almfbar y dejar enfriar.
d) proceder a moler el fruto del calafate y pasar por tamiz de alambre. Para su mejor aprovechamiento es recomendable enjuagar el fruto con el alcohol y el almíhar a medida que se tamiza.
Una vez realizado el colado total se juntan nuevamente todos los ingredientes en un solo recipiente (damajuana) cerrado con corcho, y se deja por un mínimo de 6 meses para su utilización.

Sra. Inés Carlota
Establecimiento Braese
Esquel

Recetas de Alta Cocina

Liqueur de calafate (fruit de la région)

Ingrédients

Calafate 3 kg.
Eau 1 l.
Sucre 1/2 kg.
Alcool fin végétal 1 l.

Préparation

Mettez dans une dame-jeanne les fruits avec l'alcool; fermez et laissez reposer à l'abri et au chaud (Température idéale: 25° C.)
Ce temps passé, retirez les fruits.
Faites un sirop avec l'eau et le sucre, laissez refroidir.
Ecrasez les fruits et passez-les à la passoire en fil de fer, en les rinçant avec l'alcool et le sirop.
Lorsque tous Ies fruits son passés à la passoire, mettez tous les ingrédients dans une dame-jeanne, fermez-la avec un bouchon en liège et laissez reposer au moins six moins avant deconsommer.

*Calafate liquor

*regional fruit

Ingredients

Calafate 3 kg.
Water 1 liter
Sugar 1/2 kg.
Fine alcohol 1 liter (vegetable)

Preparation

A) Keep in a demijohn the calafate (3 kg.) with the vegetable alcoh ol liter during 3 months, in a warm place and covered at ideal ambient temperature Z5° C.
B) Past that time remove the fruit from the interior from the demijohn.
C) Make a syrup with the water and the sugar; let it cool.
D) Proceed to grind the fruit of the calafate and go through wire sieve, for their better use is recomendable to rinse while is sifted, with the alcohol and the syrup.
Once the full strained is ready, so in again all the ingredients in only one recipient demijohn closed wifh cork, and let not less than 6 months before using it.

Camarones al ajillo

Ingredientes

Camarones de mar (pelados) 1/2 kg.
Ajo 2 dientes
Caldo 1 taza
Pimentón dulce 1 cucharadita
Vino blanco seco 1 copa
Aceite de oliva 1 cucharada
Sal y pimienta a gusto

Preparación

Colocar en una sartén un chorrito de aceite de oliva, calentar, agregar los ajos picados muy pequeños. Dorar. Incorporar los camarones, el vino blanco, la sal y la pimienta a gusto. Cocinar para que se evapore el alcohol. Luego incorporar el caldo, el pimentón y cocinar a fuego medio durante 4 ó 5 minutos.

✓ Acompañar con papas noissete.

Establecimiento El Naútico
Puerto Madryn

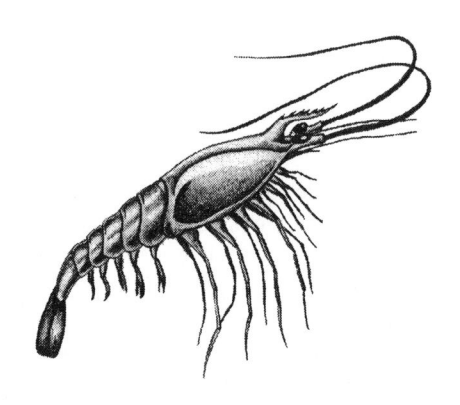

Crevettes à l'ail

Ingrédients

Crevettes de mer décortiquées 1/2 kg.
Ail 2 gousses
Tasse de bouillon 1
Vin blanc sec 1 verre
Huile d'olive 1 cuillerée
Piment doux en poudre 1 cuillerée
Sel, poivre

Préparation

Faites chauffer l'huile dans une poêle, faites-y rissoler l'ail finement haché. Lorsqu'il est doré, ajoutez les crevettes et le vin blanc. Salez et poivrez à votre goût et faites cuire à feu moyen pendant 4 ou 5 minutes. Aceompagnez de pommes de terre noisette.

Shrimps with garlic

Ingredients

Sea shrimps (peeled) 1/2 kg.
Garlic 2 teeth
Broth 1 cup
Sweet paprika 1 spoonful
Dry white wine 1 glass
Olive oil 1 spoonful
Salt and pepper to taste

Preparation

Put on a pot a small gush of olive oil, heat, add the very small minced garlics. Gild. Incorporate the shrimps, the white wine, the salt and the pepper to taste. Put in the flame until the alcohol is evaporated. Add the broth, the sweet paprika and cook to middle flame during 4 to 5 minutes.
✓ Accompany with potatoes noissete.

Mejillones a la provenzal

Ingredientes
Mejillones de la zona frescos (con valva) 2 kg.
Vino blanco 1 copa
Ajo l dientes
Perejil I ramito
Aceite de oliva 1 cucharada
Sal y pimienta a gusto

Preparación
Una vez obtenidos los mejillones se limpian muy bien sacándoles todas las malezas en ellos adheridas. En una sartén se coloca un chorrita de aceite de oliva y se ponen los ajos picados para dorarlos, luego se incorporan los mejillones. A los 4 ó 5 minutos de cocción a fuego medio los mejillones se abrirán, momento en el cual se vuelca sobre ellos el vino blanco, el perejil picado, la sal, la pimienta y se dejan hervir durante 7 u 8 minutos más. Comer caliente.

Establecimiento El Naútico
Puerto Madryn

Recetas de Alta Cocina

Moules a la provençale

Ingrédients

Moules fraîches de la région 2 kg.
Vin blanc 1 verre
Ail 4 gousses
Huile d'olive 1 cuillerée
Persil, Sel, poivre

Préparation

Grattez soigneusement les moules pour enlever débris d'algues et petits coquillages. Lavez-les à plusieurs eaux, égouttez-lez. Dans une poêle, faites chauffer l'huile pour y faire dorer l'ail haché. Ajoutez ensuite les moules et faites cuire à feu moyen; elles s'ouvriront au bout de 4 ou 5 minutes. Á ce moment, ajoutez le vin blanc et le persil, assaisonnez et laissez mijoter pendant 7 ou 8 minutes. Servez chaud.

Mussels to the provençal

Ingredients

Fresh mussels with valve, of the zone 2 kg.
White wine 1 glass
Garlic 4 teeth
Parsley 1 sprig
Salt, pepper to taste
Olive oil 1 spoonful

Preparation

Once mussels are very well cleaned removing all the adhered under growths. In a skillet put a small gush of olive oil and put the minced garlics gild them, then incorporate the mussels. At 4 or 5 minutes into middle flame, they will open, in that moment put the white wine, on them, the minced parsley, salt, pepper and let it boil during 7 or 8 minutes.
Eat hot

Lenguado con salsa de camarones

Ingredientes

Filet de lenguado 4
Camarones de la zona (frescos) 100 grs.
Crema de leche 200 grs.
Vino blanco 1/2 copa
Manteca 50 grs.
Ajo 1/2 diente
Limón exprimido 1
Sal y pimienta a gusto

Preparación

En una sartén calentar la manteca, agregar los camarones y rehogarlos, salar, agregar el ajo picado y dorar. Agregar el vino blanco, seguir cocinando hasta hervir, agregar la crema de leche. Pimentar a gusto y dejar reducir un poco; mientras tanto, poner el lenguado en una fuente con un chorrito de agua, el jugo del limón, sal y pimienta a gusto y cocinar en el horno a fuego medio durante 8 minutos. A la mitad de su cocción agregar un trocito de manteca y dejar completar el tiempo acordado.
Retirar del horno y servir bañando el salmón con la salsa de camarones. Acompañar con papas noissete.

*Cocinero Sr. **Mumo Grosso***
Establecimiento The Paradise
Puerto Pirámides

Recetas de Alta Cocina

Sole aux crevettes

Ingrédients

Filets de sole 4
Crevettes fraîches de la région 100 g.
Crème fraîche 200 g.
Beurre 50 g.
Vin blanc 1/2 verre
Ail 1/2 gousse
Jus d'un citron
Sel, poivre

Préparation

Dans une poêle faites chauffer le beurre; faites-y revenir les crevettes; salez. Ajoutez l'ail haché et faites-le dorer. Versez le vin blanc et portez à ébullition. Ajoutez la crème fraîche, pimentez à votre goût et laissez réduire un peu. Pendant ce temps, disposez les filets sur un plat à four, avec un filet d'eau et le jus de citron; salez et pimentez. Faites cuire à four moyen pendant 8 minutes. À mi-temps de la cuisson ajoutez une noix de beurre et continuez la cuisson pendant le temps prévu. Servez les filets nappés avec la sauce. Accompagnez de pommes de terre noisette.

Sole with shrimps sauce

Ingredients

Filet of sole 4
Shrimps of the zone, fresh 100 grs.
Milk cream 200 grs.
White wine 1/2 glass
Butter 50 grs.
Garlic 1/2 tooth
Pepper and salt (to taste)
Squeezed lemon 1

Preparation

In a frying pan heat the butter, add the shrimps and fry lightly, salt, add the minced garlic, gild, add the white wine, follow cooking until boiling, adding the milk cream. Pepper to taste and let it reduce a little, meanwhile, put the sole on a dish with a small gush of water, the juice of the lemon, salt and pepper to taste and cook in the oven, during 8 minutes to middle flame, in the middle of boiling add a small piece of butter and let it complete the wright time. Accompany with potatoes noicete.

Vieyras Gratinadas

Ingredientes 1 persona

Vieyras con media valva (frescas) 12
Vino blanco seco 1 copa
Queso parmesano 150 grs.
Crema de leche 100 grs.
Pimienta negra a gusto
Sal a gusto

Preparación

Se toman las valvas con el cayo, se ponen en una fuente, se condimentan y se les incorpora a cada una un poco de vino hlanco seco, una cucharada de crema de leche y se las rocía con el queso parmesano rallado (rallado medio).
Se lleva al horno, en lo posible en la parte inferior del mismo para que de esta manera tengan el fuego desde arriba y se gratinen a fuego fuerte durante unos 8 minutos aproximadamente.

Controlar
✓ No siempre el queso presenta las mismas características y se puede pasar.

✓ Comer bien caliente

Cocinero Sr. Mumo Grosso
Establecimiento The Paradise
Puerto Pirámides

Recetas de Alta Cocina

Gratin de coquilles Saint-Jacques

Ingrédients (pour une personne)

Saint-Jacques fraîches (avec la moitié de leurs coquilles) 12
Vin blanc sec 1 verre
Parmesan râpé 150 g.
Crème fraîche 100 g.
Poivre noir

Préparation

Prenez les coquilles avec la chair, disposez-les sur un plat. Arrosez chacune avec un peu de vin blanc sec et un cuillerée de crème fraîche, saupoudrez avec le parmesan râpé. Glissez dans le four, si possible sur la partie inférieure, pour que la préparation reçoive la chaleur d'en haut. Faites gratiner à four chaud pendant 8 minutes environ.

*Vieyras Gratin

*regional mussels

Ingredients For 1 person

Vieyras with half valve (fresh) 12
Dry white wine 1 glass
Parmesan cheese 150 grs.
Milk cream 100 grs.
Black pepper to taste

Preparation

Take the valves with the key, put on a dish, incorporate to each one a little of dry white wine, a spoonful of milk cream and spray them with the rasped Parmesan cheese (middle rasped).
Take to the oven, if possible in the lower part so that in this way may have the flame from the upper part, and gratin to strong flame during some 8 minutes approximately. Control cheeses not always presents the same characteristic and it can be passed. Eat well hot

Provincia de Santa Cruz

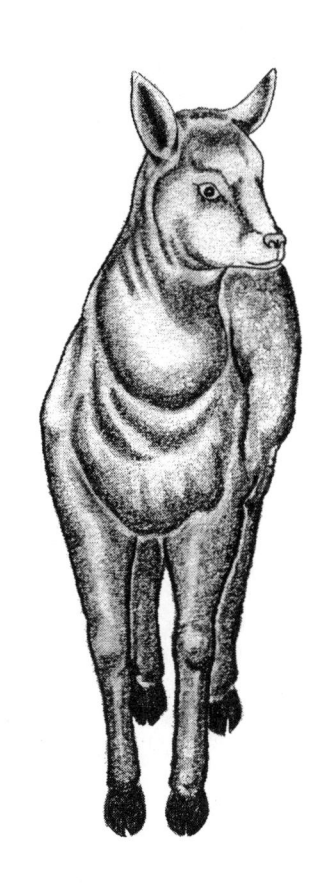

Bolitas de trucha y acelga al vino blanco

Ingredientes

Una trucha sin espinas de 500 g (precocida)
Acelga varias hojas (medianas - precocidas en agua)
Ajo 2 dientes
Romero fresco 1 ramito
Limón exprimido 1/2
Huevos 2
Harina 1 taza
Queso parmesano (rayado) 100 grs.
Cebolla en juliana 1
Morrón rojo en tiritas 1
Hongos secos 100 grs.
Vino hlaneo 250 cc.
Maizena 1 cucharada
Pizca de orégano - Pizca de perejil
Sal y pimienta a gusto

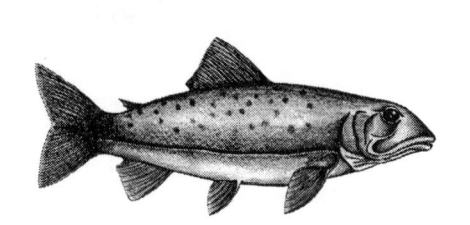

Preparación

Desmenuzar la trucha precocida con un tenedor, agregar el jugo del medio limón, salpimentar. Dejar.
Pasados unos minutos colocar el pescado en un bols, agregar un huevo batido, el queso parmesano rayado, y condimentar con el romero fresco picado. Mezclar bien. Hacer pequeñas bolitas con el preparado y envolverlas con una hoja de acelga precocida (moldeable), pasarlas por huevo batido y condimentado con una pizca de perejil y sal. Harinarlas y freírlas en margarina (sólo hasta dorarlas). Dejar escurrir.
Mientras tanto en una sartén profunda colocar un poco de margarina a calentar y freír las cebolla en juliana, el morrón en tiritas y el ajo picado, agregar los hongos fileteados previamente hidratados en agua tibia, salpimentar y agregar el resto del romero, el perejil y el orégano; incorporar el vino y las bolitas ya doradas, cocinar a fuego medio hasta Iograr el punto requerido. En caso de no quedar bien ligada la salsa espesar con maizena.
Acompañar con puré de calabaza

El Calafate

Boulettes de truite et bettes

Ingrédients

Truite cuite, sans arêtes 200 g. /Feuilles moyennes de bettes, préalablement cuites à l'eaul /Ail 2 gousses /Citron 1/2 /Oeufs 2 /Parmesan râpé 100 g. /Romarin frais 1 bouquet /Margarine /Farine 1 tasse /Oignon coupé en julienne 1 /Poivron rouge découpé en fines lanières 1 /Champignons secs 100 g. /Vin blanc 250 cc. /Maïzena

Préparation

Écrasez la truite à la fourchette, ajoutez le jus d'un demi citron, salez et poivrez. Laissez reposer quelques minutes. Mettez le poisson dans un hol, ajoutez un oeuf battu, saupoudrez avec le parmesun râpé et assaisonnez avec le romarin haché. Mélangez soigneusement. Façonnez la préparation en petites boulettes. Enveloppez chacune dans une feuille de bette préalablement cuite. Roulez les boulettes dans l'oeuf battu et assaisonné avec du sel et une pincée de persil, puis dans la farine. Faites-les frire à la margarine jusqu'à ce qu'elles soient dorées. Égouttez. Pendant ce temps, dans une poêle profonde faites chauffer un peu de margarine. Faites-y frire les oignons, le poivron rouge et l'ail haché. Ajoutez les champignons préalablement trempés dans l'eau tiède et émincés, salez et poivrez. Assaisonnez avec le reste du romarin, le persil et l'origan, arrosez avec le vin. Mettez les boulettes dorées et faites cuire à feu móyen jusqu'á ce que le tout soit à point. Si la sauce n'ést pas bien liée, épaississez avec de la maïzenu. Accompagnez avec une purée de courges.

Small balls of trout and chard to the white wine

Ingredients

Trout or piece of 500 g (precooked) without thorns. /Several chard leaves (mediuns precooked in water) /Salt and pepper (to taste) /Garlic 2 cloves /Fresh rosemary 1 / Sprig Squeezed lemon 1/2 /Eggs 2 /Oregano 1 pinch /Parsley 1 pinch /Flour 1 cup / Grated Parmesan cheese (grated) 100grs. /Onion in little pieces 1 /Sweet red pepper in slices 1 / Dry fungi 100 grs. /White wine 250 cc. /Maizena 1 teaspoonful

Preparation

Crumble the precooked trout with a fork, add the juice of the middle lemon, season. Past some minutes put the fish on a bowl, add a beaten egg, the grated Parmesan cheese, and relish with the minced fresh rosemary. Mix well.
Make small balls with the preparation and roll them with a leaf of precooked chard (moldable), pass them by beaten egg and relish with a parsley and salt pinch flour, and fry them in margarine (just until browning). Let them drain.
Meanwhile in a deep skillet, put a little of margarine to heat and fry, the onion in little pieces, the chile in slices, the minced garlic, add the fungi previously hydrated in warm water, season and add the rest of the rosemary, parsley and the oregano, incorporate the wine and the small balls already browned, cook to middle flame until getting the required point. If necessary, thick the sauce with maizena.
Accompany with gourd mash.

Dulce de calafate

Ingredientes

Calafate 1 kg.
Manzanas verdes 1/2 kg.
Azúcar 700 grs.
Agua (cantidad necesaria)

Preparación

En una olla profunda poner agua y hervir el calafate junto con las manzanas peladas y cortadas, cocinar hasta que la fruta deteriore su forma y se deshaga, aquí extraer, con el método más sencillo posible, el máximo del jugo obtenido, tanto del agua como en del exprimido de la fruta; en este momento agregar esta jalea en otro recipiente y los 700 g. de azúcar, cocinar a fuego medio hasta conseguir el punto de consistencia deseado.

Confiture de *calafate

*fruit de la région

Ingrédients

Calafate 1 kg.
Pommes vertes épluchées et coupées 1/2 kg.
Sucre 700 g.
Eau (quantité suffisante)

Préparation

Mettez les fruits dans une marmite profonde avec l'eau, faites cuire jusqu'au moment où ils commencent a s'émietter. Faites passer au chinois. Mettez la gélée dans un autre récipient, ajoutez le sucre et faites cuire à feu moyen jusqu'à obtention du degré de consistance désiré.

Sweet of *Calafate

*regional fruit

Ingredients

Calafate 1 kg.
Green apples 1/2 kg.
Sugar 700 grs.
Water (necessary quantity)

Preparation

In a deep pot put water and make the calafate boil together with the
peeled and cut apples, cook until the fruit be consumed; here extract with the simplest method possible the maximum of the obtained juice, so much the water as the squeezed of the fruit, at this time add this jelly in other recipient and 700 g. of sugar, cook to middle flame until obtaining the wished consistence point.

Liebre a la mostaza

Ingredientes

Una liebre mediana
Caldo de verduras 500 cc.
Coñac 1 copa
Cebolla picada 1
Morrón picado 1
Manteca 50 grs.
Harina 30 grs.
Mnstaza 2 crdas.
Perejil y laurel
Sal y pimienta a gusto

Preparación

Una vez trozada la liebre, salarla y en una sartén profunda rehogar la cebolla y el morrón; ir agregando las presas y dorarlas, incorporar la pimienta, el coñac y flambear; añadir el caldo de verduras, colocar las hojitas de laurel y cocinar unos 45 minutos a medio tapar.
Al pasar el tiempo de cocción, para que la salsa quede más espesa, agregar la harina, posteriormente la mostaza y seguir cocinando dos minutos más.
Servir con papas al natural.

Lapin à la moutarde

Ingrédients

Lapin moyen 1
Bouillon de légumes 500 cc.
Cognac 1 verre
Oignon haché 1
Poivron rouge haché 1
Beurre 50 g.
Farine 30 g.
Moutarde 2 cuillerées
Persil
Laurier
Sel, poivre

Préparation

Coupez le lapin en morceaux, salez. Dans une poêle profonde, faites revenir l'oignon et le poivron rouge. Ajoutez les morceaux de lapin, faites-les dorer. Poivrez, arrosez avec le cognac et faites flamber. Ajoutez les feuilles de laurier, fermez à moitié la poêle avec le couvercle et faites cuire pendant environ 45 minutes. Pour épaissir la sauce, incorporez la farine, puis la moutarde, et poursuivez la cuisson pendant 2 minutes. Servez avec pommes de terre vapeur.

Rabbit to the mustard

Ingredients

Median rabbit 1
Broth of vegetables 500 cc.
Brandy 1 glass
Minced onion 1
Sweet red pepper 1
Butter 50 grs.
Flour 30 grs.
Parsley and buy
Pepper und saït

Preparation

Once the rabbit is cut in slices, salt it and in a deep pan, fry lightly the onion and the sweet red pepper, go adding the preys and brown them, incorporate the pepper, the brandy and flambé, add the broth of vegetables, put the buy leaf and cook some 45 minutes to middle cover. Once the boiling time is over, so that the sauce keep thicker add the flour, then the mustard and go on cooking two minutes more. Serve with potatoes to the natural.

Niños envueltos de cordero

Ingredientes

Bifes finos de cordero 3/4 kg
Papas hervidas y pisadas 2
Cebolla 1
Morrón 1
Ajo 1/2 cabeza
Puré de tomate 1 lata
Sal, pimienta y nuez moscada a gusto

Preparación

Estirar bien los bifes con un pisacarne, condimentarlos con sal y pimienta a gusto, por otra parte en un bols colocar la papa pisada, la cebolla y el morrón picado, el ajo picadito muy fino y los condimentos (sal, pimienta y nuez moscada). Mezclar. Rellenar con esta mezcla y arrollar los bifes crudos cerrándolos con un palillo o dos.
Disponer de una sartén profunda, agregar un poco de aceite, una vez caliente, colocar los arrolladitos. Sellarlos, agregar el puré de tomate y un vaso de caldo de verduras, cocinar a fuego moderado hasta completar la cocción.
Acompañar con zanahorias hervidas.

Sr. Abelardo
Río Gallegos

Paupiettes d'agneau

Ingrédients

Escalopes de veau 3/4 kg.
Pommes de terre, cuites à l'eau et écrasées 2
Oignon 1
Poivron rouge 1
Tête d'ail 1/2
Boîte de purée de tomates 1
Noix muscade
Sel, poivre

Préparation

Aplatissez bien les escalopes, salez et poivrez à votre goût. D'autre part, mettez dans un bol les pommes de terre écrasées, l'oignon et le poivron rouge hachés et l'ail pilé. Assaisonnez avec sel, poivre et noix muscade. Mélangez. Distribuez cette préparation sur les escalopes et roulez-les; maintenez en traversant avec un ou deux bâtonnets de bois. Chauffez un peu d'huile dans une poêle profonde, faites-y rissoler les paupiettes. Lorsqu'elles sont dorées, ajoutez la purée de tomates, mouillez avec le bouillon et poursuivez la cuisson à feu moyen. Accompagnez avec carottes vapeur.

Lamb rolls

Ingredients

Lamb filet 3/4 kg.
Mashed boiles potatoes 2
Onion 1
Sweet red pepper 1
Garlic 1/2 head
Mash tomato 1 can
Salt, pepper, nutmeg (to taste)

Preparation

Stretch the filets well relish them with salt and pepper to taste. On the other hand put the mashed potatoes, the minced onions and the sweet red pepper, the very fine minced garlic, in a bowls, then add the spices (salt, pepper and nutmeg) mix Fill in the fillets with this preparation and roll them with a tooth pick or two.
Take a deep pan add a little of oil, once hot, place the small rolls, seal them, pour the tomato mash, and a glass of vegetables broth, cook to moderate flame until completing boiling. Accompany with boiled carrots.

Piernita de capón con sidra

Ingredientes

Pierna de cap6n 1
Sidra 1 botella
Cebollas chicas 1/2 kg.
Cebollas grandes (picadas finas) 2
Manzanas verdes ácidas 1 kg.
Azúcar 1/2 taza
Orégano 1 pizca
Aceite cantidad necesaria
Ajo 4 dientes
Sal y pimienta a gusto

Preparación

En un recipiente dorar en aceite el ajo aplastado y la cebolla picada, una vez listo apartar.
Deshuesar la piernita de cordero y dorarla unos 15 minutos, condimentar con sal, pimienta y orégano. Posteriormente cubrir con la sidra y cocinar a fuego mediano durante una hora. En caso de que se evapore demasiado seguir agregándole sidra. Mientras tanto en una sartén dorar en manteca derretida la cebollitas enteras y las manzanas peladas y cortadas en cuatro, espolvorear con azúcar y dejar cocinar hasta que queden tiernas y consistentes.
Servir la pierna cortada en rebanadas medianas.
Se salsea con el jugo que ha quedado de la preparación (espezarlo si es necesario con maizena) y se acomodan en el mismo plato las cebollitas pequeñas y las manzanas.

Sra. Myriam de Smet
Los Antiguos

Gigot d'agneau au cidre

Ingrédients

*Gigot d'agneau 1
Cidre 1 bouteille
Oignons gros, finement hachés 2 kg.
Petits oignons 1/2 kg.
Ail 4 gousses
Pommes vertes acides 1 kg.
Huile (quantité suffisante)
Sucre 1/2 tasse
Origan 1 pincée
Sel, poivre*

Préparation

Dans un récipient, faites revenir à l'huile chaude l'ail pilé et les oignons hachés. Quand ils sont bien dorés, retirez-les. Désossez le gigot et faites-le rissoler pendant 15 minutes environ; assaisonnez avec sel, poivre et origan. Nappez avec le cidre et faités cuire à feu moyen pendant une heure; si le liquide réduit en trop, ajoutez encore du cidre. Pendant ce temps, faites dorer à l'huile chaude dans une poêle les petits oignons entiers et les pnmmes épluchées et coupées en quartiers. Saupoudrez de sucre et faites cuire jusqu'au moment où les quartiers sont tendres et consistants. Servez le gigot coupé en tranches moyennes et nappé avec le jus de cuisson; liez celui-ci avec de la maïzena s'il le faut. Placez sur le même plat les petit oignons et les pommes.

Small leg of gelding lamb with cider

Ingredients

*Gelding lamb leg 1
Cider 1 bottle
Small onions 1/2 kg.
Big onions (finelly minced) 2
Sour green apples 1 kg.
Pepper and salt (to taste)
Sugar 1/2 cup
Oregano 1 pinch
Oil (necessary quantity)
Garlic 4 cloves*

Preparation

Put gild in oil the crushed garlic in a pot and the minced onion, once ready separate. Bone the small leg and gild it some 15 minutes, relish with pepper salt und oregano, and there in after cover with the cider and cook to mediun flame during an hour, in case it is too evaporated, follow adding the cider.

Meanwhile in a pan gild in melted butter the small onions and the peeled apples and cut in four pieces, powder mith sugar und let it cook until it looks mellow and consistent. Serve the leg cut in median slices, sauce with the remained juice (thick if it is necessary with maizena), and place in the same plate the small onions and the apples.

Pate de salmón

Ingredientes

Salmón sin piel y espinas 1 kg.
Mayonesa 1 kg.
Ajo (sin el centro) 1 diente
Hojas de albahaca fresca 2
Limón exprimido 1
Sal y pimienta a gusto

Preparación

Colocar el salmón en una fuente y cocinar en horno a fuego fuerte (tiempo necesario 45 minutos).
Mientras tanto hervir durante unos minutos el jugo del limón junto con el ajo y las dos hojas de albahaca fresca.
Pasados los tiempos de cocción, y en frío, colocar el salmón trozado en la procesadora, agregar la mayonesa y el jugo obtenido del hervido del jugo del limón con el ajo y la albahaca. Procesar hasta lograr una pasta suave libre de grumos y uniforme. Condimentar con sal y pimienta a gusto, seguir procesando para mezclar bien los condimentos.
Retirar y colocar en un recipiente en la heladera.

***Don Julio**
Río Gallegos*

Paté de saumon

Ingrédients

Saumon sans la peau et les arêtes 1 kg.
Margarine 1 kg.
Ail 1 gousse
Feuilles de basilic frais 2
Jus d'un citron
Sel, poivre

Préparation

Posez le saumon sur un plat et faites-le cuire au four chaud pendant 45 minutes. Pendant ce temps, faites mijoter quelques minutes le jus de citron avec l'ail et les feuilles de basilic. Laissez refroidir. Une fois terminés les temps de cuisson, lorsque le saumon est tout à fait froid, coupez-le en morceaux et mettez-les dans le bol du mixeu. Ajoutez la mayonnaise et le jus mijoté. Faites marcher l'appareil jusqu'à obtention d'une pâte homogène et sans grumeaux. Salez et poivrez a votre goût. Faites marcher à nouveau l'appareil pour bien mélanger set et poivre. Versez le paté dans un récipient et gardez au réfrigérateur.

Salmon pate

Ingredients

Salmon without skin and thorns 1 kg.
Mayonnaise 1 kg.
Garlic 1 clove (without the center)
Leaves of fresh basil 2
Squeezed lemon 1
Salt - pepper (to taste)

Preparation

Put the satmon on a baker dish, cook in oven to strong flame (necessary time 45 minutes) meanwhile boil the lemon juice, together with the garlic and the two leaves of fresh basil for some minutes.
Past the boiling time and in cold, put the cut salmon in the processor, add the mayonese and the obtained juice from the boiled of the juice of the lemon with the garlic and the basil, process until getting soft paste, free of uniform grumes relish with salt and pepper to taste, follow processing to mix well the spices. Remove, put in a pot in the refrigerator.

Chuletas de cordero con salsa de cebolla

Ingredientes

Chuletas gruesas de cordero 4
Cebollas 3
Ajo 2 dientes
Morrón rojo 1/2
Vino blanco 1 vaso
Sal, pimienta y perejil a gusto

Preparación

Tomar las chuletas, salpimentarlas y dejar macerar unas horas. Posteriormente cocinarlas vuelta y vuelta en una plancha bien caliente para que mantengan todo su jugo.
Mientras tanto licuar la cebolla, el morrón y los ajos.
Colocar todo en una olla, agregar el vino y cocinar a fuego fuerte hasta comprobar que la carne esté totalmente cocida.
Acompañar con lechuga silvestre o amarga, condimentar con sal y jugo de limón.

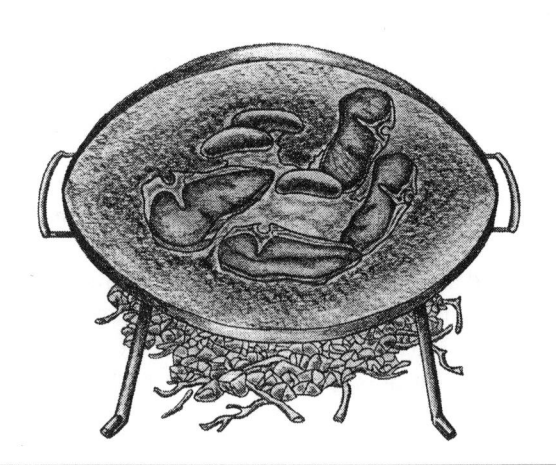

Côtes d'agneau á l'oignon

Ingrédients

Côtes d'agneau, épaisses 4
Oignons 3
Ail 2 gousses
Poivron rouge 1/2
Vin blanc 1 verre
Persil
Sel, poivre

Préparation

Commencez par saler et poivrer les côtes et faites-les reposer quelques heures. Placez-les sur un gril bien chaud et laissez cuire sur un côté, puis sur l'autre, pour que la viande garde toutson jus. Pendant ce temps, passez au mixeur l'oignon, le poivron rouge et l'ail. Mettez cette préparation avec les côtes dans une marmite, arrosez avec le vin et faites cuire à feu vif jusqu'à ce que la viande soit cuite à coeur. Accompagnez avec de la laitue sauvage de la région, assaisonnée avec sel et jus de citron.

Lamb chops with onion sauce

Ingredients

Thick lamb chops 4
Oninns 3
Garlic 2 clove
Sweet red pepper 1/2
White wine 1 glass
Salt, pepper and parsley to taste

Procedure

Take the chops, season them and let them soak some hours. Therein after cook then side by side in a well hot grill, so that maintain all their juice. Meanwhile liquefy the onion, the chile pepper and the garlic. Put all on a pot add the wine and cook to strong flame until proving that the meat is fully cooked.
Accompany with wild lettuce or bitters, with salt and lemon juice.

Guindado

Ingredientes

Guindas
Alcohol fino
Agua
Azúcar

Preparación

Colocar en una damajuana hasta las 3/4 partes de su capacidad las guindas elegidas, llenar con el alcohol. Tapar con corcho y dejar macerar como mínimo durante cuatro meses.
Pasado el tiempo sacar el líquido obtenido de la damajuana.
Para cada 2 litros del mismo preparar un almíbar con: 2 1/2 lts. de agua y 2 1/4 lts de azúcar, siendo la cocción de éste sólo de un hervor. Dejar entibiar. Luego mezclar bien con el alcohol durante unos minutos. Dejar y envasar.
Si se elige la damajuana donde están las guindas, sólo bastará agregarle el preparado y cerrar bien con corcho. De lo contrario sacar las guindas, colocar una proporción en otro frasco o botella y volcar el preparado hasta completar el envase. Repetir hasta terminar.
En cualquier caso dejar pasar como mínimo 6 meses antes de consumir.

*Sra. **Myriam de Smet***
Establecimiento El Paraíso
Los Antiguos

Recetas de Alta Cocina

Guindado (Liqueur de cerises)

Ingrédients

Cerises
Alcool fin
Eau
Sucre

Préparation

Remplissez de cerises choisies trois quatrièmes parties d'une dame-jeanne, complétez avec l'alcool. Fermez avec un bouchon en liège et laissez macérer pendant au moins 4 mois. Ce temps passé, retirez le liquide obtenu. Pour tous les deux litres de celui-ci, préparez un sirop en faisant cuire 2 1/4 kg de sucre dans 2 1/2 l. d'eau; chauffez jusqu'au premier bouillon. Laissez tiédir, mélangez au liquide en remuant soigneusement pendant quelques minutes et laissez reposer. Versez le mélange dans la dame-jeanne où vous avec mis les cerises; fermez bien avec un bouchon en liège. Si vous préferez garder la liqueur dans un autre récipient, retirez les cerises de la dame-jeanne, mettez-les dans le flacon choisi et versez la préparation par-dessus. Dans les deux cas, laissez passer au moins 6 moins avant de consommer.

Sour cherry liquor

Ingredients

Cherries
Fine alcohol
Water
Sugar

Preparation

Put on a demijohn until the 3/4 parts of capacity with the chosen cherries, fill with the alcohol, cover with cork and let soak minimal four months.
Past this time remove the obtained liquid from the demijohn. For each 2 liters prepare a syrup with: 2 1/2 lt. of water and 2 1/4 lt. of sugar, cook with just one boil.
Let it temper. Then mix well some minutes with the alcohol, and pack. If the demijohn where cherries were put is chosen, it should be enough to add the prepuration and shut with cork properly. On the contrary, remove the cherries, put a proportion on other flask or bottle and pour the preparation until completing; repeat until ending.
In all cases let pass minimal 6 months before consuming.

Provincia de Tierra del Fuego

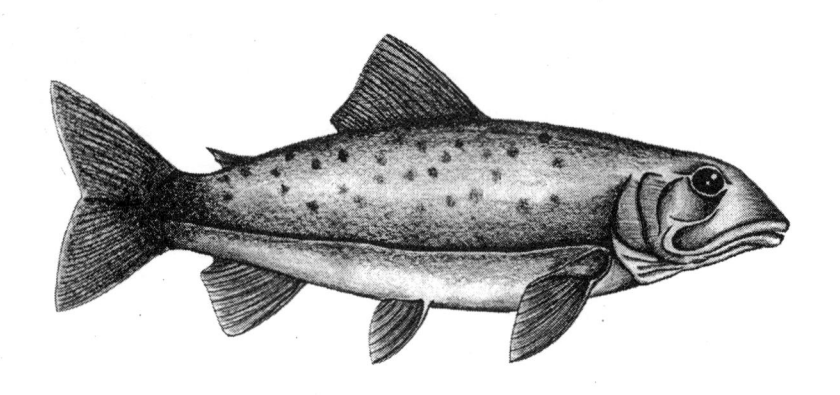

Empanada chilena en tierra del fuego

Un Clásico

Ingredientes para 2 docenas

Carne picada a cuchillo 1/2 kg.
Cebolla picada y pasada por agua fría 1/2 kg.
Grasa de cerdo cantidad necesaria
Harina 1 kg.
Huevos duros picados 3
Pasa de uva 50 grs.
Ajo picado 1/2 cabeza
Perejil a gusto
Comino, ají chileno
Aceitunas verdes 2
Pimentón
Azúcar
Sal

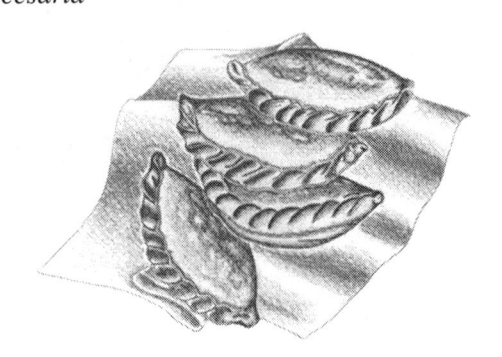

Preparación del relleno

En un recipiente colocar una cucharada de grasa, calentar y agregar la carne picada, la cebolla, el ajo y el pimentón. Cocinar a fuego lento durante unos minutos. Añadir una cucharada de azúcar y sal a gusto. Apagar el fuego y agregar el resto de los ingredientes. Dejar reposar.

Preparación de la masa

Sobre una mesa volcar la harina en forma de corona, agregarle 1/2 cucharada de grasa y agua hirviendo en cantidad necesaria para formar una masa, sal a gusto y comenzar a unir. Amasar. Estirar con un palo (uslero) hasta llegar al espesor buscado. Hacer los discos y rellenar.
Freír con la grasa de cerdo.

Doña Ercilia Aguilar
Río Grande

Empanada chilenne en Terre du Feu (un repas classique)

Ingrédients (pour 24 empanadas)

Viande haché au couteau 1/2 kg. /Oignon haché et passé par l'eau froide 1/2 kg. / Farine 1 kg. /Saindoux /Oeufs durs hachés 3 /Raisins secs 50 g. /Ail haché 1/2 tête / Olives vertes / Persil /Cumin /Chili /Poivron rouge en poudre /Sucre /Sel

Préparation

Faites chauffer une cuillerée de saindoux dans un récipient, mettez-y la viande hachée, l'oignon, l'ail et le poivron rouge en poudre. Faites cuire à petit féu pendant quelques minutes, ajoutez un cuillerée de sucre, salez. Éteignez le feu et incorporez le reste des ingrédients. Laissez reposer.

Préparation de la sauce

Disposez la farine sur une table, faites-y un creux pour y placer une demi-cuillerée de sairadoux; incorporez de l'eau bouillante en quantité suffisante pour obtenir une pate. Salez et commencez à mélanger. Pétrissez. Étalez au rouleau jusqu'à obtention de l'épaisseur désirée. Coupez les disques et remplissez-les. Faites frire dans le saindoux.

Chilean pie in Tierra del Fuego
a classic

Ingredients for 2 dozen

Minced meat to knife 1/2 kg. /Minced onion and gone through cold water 1/2 kg. / Flour 1 kg. /Pork fat /Minced hard boiled egg 3 /Goes from grape 50 grs. /Minced garlic 1/2 head /Parsley to taste /Cumin /Chilean chili /Green olives 2 /Paprika / Sugar /Salt

Preparation of the stuffed

Put a fat spoonful in a saucepan heat and add the minced meat, the onion, the garlic and the paprika. Cook at slow flame during some minutes, add sugar and salt spoonful to taste, put out the flame and add the rest of the ingredients. Let it rest.

Preparation of the mixture

On a table put the flour in the form of crown, add 1/2 fat spoonful and the boiling water, the necessary quantity to form a mixture; add salt to taste and mix.
Knead. Stretch with stick kneading until obtaining the wished thickness. Make the disks and fill with the stuffed of meat fryed with the pork fat.

Liebre o conejo a la crema de chocolate

Ingredientes

Liebre o conejo clásico 1
Cebollas 3
Ajo 1 cabeza
Pimiento morrón 1
Tomates 2
Crema de leche 1 pote
Chocolate 1 libra
Sal y pimienta blanca a gusto

Preparación

Cortar la pieza elegida en presas, colocar una cebolla cortada en cuatro partes, medio pimiento, 2 dientes de ajo, sal y hervir durante unos 20 minutos. Mientras tanto calentar aceite en un recipiente, agregar picados el resto de las cebollas, el pimiento y el ajo. Rehogar. Incorporar el tomate, las presas de liebre, salpimentar a gusto y cocinar hasta que la carne este tierna, agregando un poco de agua cada vez que lo necesite.
Con la carne ya tierna, añadir el chocolate rallado y el contenido del pote de crema de leche. Revolver un minuto y apagar el fuego. Dejar reposar unos minutos y servir.
Acompañar con papas fritas.

Sra. Gladys G. de Mestre
Río Grande

Lièvre ou lapin au chocolat

Ingrédients

Petit lièvre ou lapin 1
Oignons 3
Tête d'ail 1
Poivron rouge 1
Tomates 2
Huile
Crème fraîche 1 pot
Chocolat 1 livre
Sel, poivre blanc

Préparation

Coupez la pièce choisie en morceaux. Faites-les mijoter pendant 20 minutes environ avec un oignon coupé en quartiers, la moitié du piment, 2 gousses d'ail et du sel. Pendant ce temps, faites chauffer l'huile dan un récipient et faites-y revenir le reste des oignons, le poivron et l'ail, que vous aurez hachés. Ajoutez les tomates et les morceaux de lièvre (ou de lapin); salez et poivrez à votre goût et faites cuire jusqu'à ce que la viande soit tendre, en ajoutant un peu d'eau chaque fois qu'il y ait besoin. Lorsque la viande est tendre, versez par-dessus le chocolat râpé et la creme fraîche, remuez pendant une minute et éteignez le feu. Laissez reposer pendant quelques minutes et servez avec pommes de terre frites.

Hare or rabbit to the chocolate cream

Ingredients

Hare or rabbit 1
Onions 3
Garlic 1 head
Sweet red pepper 1
Tomatoes 2
Milk cream 1 pot
Chocolate 1 pound
Salt and white pepper to taste

Preparation

Cut the chosen piece elected in preys, put an onion cut in four halves, half pepper, 2 garlic clove, salt and cook for 20 minutes. Meanwhile heat oil in a saucepan, add the rest of the minced onions, the pepper and the garlic, fry lightly. Incorporate the tomato, the hare preys seasoned to taste and cook until the meat is tender, adding a little of water each time if necessary. When meat is already soft, add the rasped chocolate and the content of one pot of milk cream, mix a minute and put out the flame. Let it rest some minutes and serve. Accompany with french fries.

Paté de róbalo

Ingredientes

Filet de róbalo 700 grs.
Huevos 4
Jamón cocido o ahumado 200 grs.
Salsa blanca 200 cc.
Cebollas picadas 2
Manteca 2 cucharadas
Queso fresco 200 grs.
Sal y pimienta a gusto

Preparación

Colocar el pescado en agua hirviendo y cocinar durante 8 minutos. Desmenuzarlo en un bols, extraer con mucho cuidado el resto de espinas que pudieran haberle quedado. Mezclar la salsa blanca bien espesa y muy bien aderezada con abundante queso rallado y nuez moscada. Introducirle las cebollas picadas y rehogadas en manteca y los huevos; revolver parejo para obtener un preparado espeso. Salpimentar a gusto.
Enmantecar un recipiente o budín, y verter la mitad del preparado; poner sobre éste una capa de jamón y el queso fresco, completar volcando el resto. Colocar en horno caliente a baño maría, durante una hora.
Enfriar antes de desmoldar.

Sr. Jaime
Río Grande

Paté de bar

Ingrédients

Filets de bar 700 y.
Jambon cuit ou fumé 200 g.
Oeufs 4
Oignons hachés 2
Fromage frais 200 g.
Beurre 2 cuillerées
Sauce blanche 200 cc.

Préparation

Faites cuire le poisson à l'eau bouillante pendant 8 minutes. Écrasez-le dans un bol en enlevant les arétes qui auraient pu y rester. Y versez la sauce blanche, très épaisse et tres bien assaisonnée; saupoudrez avec beaucoup de fromage râpé et ajoutez une pincée de noix muscade. Incorporez les oignons hachés et dorés au beurre chaud, et les oeufs. Remuez jusqu'à épaissir. Salez et poivrez à votre goût. Beurrez un récipient creux ou un moule, versez-y la moitié de la préparation, mettez par-dessus les tranches de jambon et le fromage frais. Versez le reste de la préparation et faites cuire au four chaud au bain-marie pendant une heure. Laissez refroidir avant de démouler.

Pate of *róbalo

Ingredients

Filet of róbalo 700 grs.
Eggs 4
Smoked or cooked ham 200 grs.
White sauce 200 cc.
Minced onions 2
Butter 2 spoonfuls
Fresh cheese 200 grs.

Preparation

Put the fish in boiling water and cook during 8 minutes, then crumble it in a bowls, extract with much care the thorns that could have remained.
Mix the white sauce, well thick, and very well adorned with abundant rasped cheese and nutmeg, introduce the minced onions and fry lightly in butter and the eggs, mix to obtain a thick preparation, season to taste. Butter a container or pudding, and pour half of the preparation; put nn this a ham cap and the fresh cheese, complete pouring the rest; put on hot oven to bain-marie, during an hour. Cool before removing from the mold.

*fish bass

Compota de frutillas

Ingredientes

Frutillas 1/2 kg
Azúcar 1/2 taza
Agua 1 vaso

Preparación

Limpiar y lavar las frutillas. Hacer un jarabe con el azúcar y el agua y poner a cocinar en una olla. Cuando está hirviendo se agregan las frutillas, mantener unos minutos en el punto de hervor y luego retirar del fuego. Se deja enfriar y se separa la fruta del jarabe. Luego el jarabe se reduce a fuego lento y una vez logrado el punto justo se vuelca el líquido sobre las frutillas. (servidas en compoteras)

Río Grande

Compote de fraises

Ingrédients

Fraises 1/2 kg.
Tasse de sucre 1/2
Eau 1 verre

Préparation

Lavez et équeutez les fraises. Dans une casserole, faites cuire les fraises à l'eau pour obtenir un sirop. Lorsque le liquide arrive à ébullition, ajoutez les fraises. Laissez mijoter quelques minutes, puis arrêtez la cuisson. Laissez refroidir et retirez les fraises du sirop. Faites réduire celui-ci à feu doux. Lorsque le sirop est à point, versez-le sur les fraises disposées sur de petits pots.

Compote of Strawberry

Ingredients

Strawberries 1/2 kg.
Sugar 1/Z cup
Water 1 glass

Preparation

Clean and wash the strawberries. Make a syrup with the sugar and the water and cook it in a pot, when it is boiling add the strawberries, maintain some minutes in the boiling point and then remove from the flame. Let it cool and separate the fruit from the syrup. Then the syrup is reduced to slow flame and once achieved the just point pour the liquid on the strawberry. (serve in compote bowls)

Salsa de hongos Bejin

Nota: a estos hongos, aclara la experta, se los puede encontrar en el bosque, entre fines de enero y mediados de marzo. Depende del tiempo. Necesitan luz solar pero también su cuota de sombra y reparo. Crecen con facilidad y llegan a grandes dimensiones. Según nos comenta, cuando los hongns se secan quedan como grandes globos, donde en el interior de la corteza se forma y deposita un polvo que aparentemente los aborígenes Io usaban como remedio para algunos dolores.

Ingredientes

Hongos frescos pelados 1 kg.
Cebollas 2
Tomate triturado 1 lata
Ajo 1 cabeza
Hojas de laurel 1 cucharada
Vino blanco 1/4 lt.
Sal y pimienta a gusto

Preparación

En una sartén colocar un poco de aceite y rehogar a fuego medio la cebolla picada con los hongos cortados en daditos. Pasados unos minutos agregar el tomate, los ajos picados, salpimentar a gusto. Añadir el laurel y seguir cocinando a fuego lento hasta hervir; incorporar el vino blanco y seguir la cocción durante unos 20 minutos.
Se puede comer solo en una cazuela o bien acompañando alguna pasta.

Sra. Noemi Ludueña
Tolhuin

Sauce de champignons Bejin

La spécialiste fiat savoir qu'on peut trouver ces champignons au bois, dès fin janvier jusqu'á la mi-mars; ça dépend du temps. Ils ont besoin de la lumière solaire mais aussi de sa partie d'ombre et d'abri. Ils poussent facilement et atteindent de grands dimensions. Quand ils sont secs ils ressemblent á de gros ballons; á leur intérieur se dépose une poussière que les aborigènes employaient comme analgésique.

Ingrédients

*Champignons frais,
épluchés 1 kg.
Oignons 2
Boîte de purée de tomates 1
Tête d'ail 1
Vin blanc 1/4 l.
Feuilles de laurier 1 cuillerée
Sel, poivre*

Préparation

Faites chauffer un peu d'huile dans une poêle, faites-y rissoler à feu moyen pendant quelques minutes l'oignon haché et les champignons coupés en petits dés. Arrosez avec la purée de tomate, salez et poivrez à votre goût. Ajoutez le laurier et l'ail hachés et poursuivez la cuisson à feu doux jusqu'à ébullition. Arrosez avec le vin et faites mijoter pendant 20 minutes. Vous pouvez la server seule dans une terrine ou la faire accompagner des pâtes.

Fungi sauce Begin.

Note: the expert clarifies that these fungi can be located in the forest, between January end until mid March, depends on the time. Need solar light and also their shade quota, grow easily and reach large dimensions. According to comments, when these are dried look like large globes, in the interior of the bark a powder is formed and deposited, that apparently were used by the aborigines as remedy for some pains.

Ingredients

*Peeled fresh fungi 1 kg.
Onions 2
Crushed tomato 1 can
Garlic 1 head
Bay leaf 1 spoonful
White wine 1/4 l.
Pepper and salt to taste*

Preparation

Put a little of oil in a frying pan and fry lightly to middle flame the minced onion with the fungi cut in little pieces. Past some minutes add the tomato, season to taste, add the laurel, the minced garlic and follow cooking to slow flame until boiling, incorporating the white wine and follow the boiling during some 20 minutes. It can be eaten alone in a casserole. Or accompany some paste, too.

Sopa crema de papas

Ingredientes

Papas grandes 3
Cebolla bien picada 1/2
Manteca 2 cucharadas
Crema de leche 150 grs.
Agua 1.500 cc.
Perejil picado a gusto
Nuez moscada 1 pizca
Sal y pimienta a gusto

Preparación

En una cacerola incorporar el agua, las papas peladas, la manteca, la cebolla, la sal y la pimienta. Dejar hirviendo hasta que las papas estén a punto. Añadir la crema y revolver bien a los fines de que se deshagan bien las papas sin formar grumos.
Se cocina unos minutos más agregando una pizca de nuez moscada y el perejil picado.
Servir bien caliente.

Tolhuin

Potage aux pommes de terre

Ingrédients

Pommes de terre 3 grosses
Oignon bien haché 1/2
Beurre 2 cuillerées
Crème fraîche 150 g.
Eau 1.500 cc.
Noix muscade 1 pincée
Persil
Sel, poivre

Préparation

Mettez dans une casserole l'eau, les pommes de terre épluchées, le beurre et l'oignon; salez et poivrez. Portez à ébullition, puis laissez mijoter jusqu'à ce que les pommes de terre soient cuites à point. Ajoutez la crème fraîche et remuez soigneusement pour que les pommes de terre s'émiettent sans faire de grumeaux. Poursuivez la cuisson quelques instants, parfumez avec la noix muscade et saupoudrez de persil haché. Servez chaud.

Soup potatoes cream

Ingredients

Big potatoes 3
Well minced onion 1/2
Butter 2 spoonfuls
Milk cream 150 grs.
Water 1.500 cc.
Minced parsley (to taste)
Nutmeg 1 pinch
Salt (to taste)
Pepper (to taste)

Preparation

In a pan, incorporate the water, the peeled potatoes, the butter, the onion, salt and pepper, let boiling until the potatoes are ready, add the cream; mixing well, trying that the potatoes come undone without forming grumes, then cook some minutes more, adding a nutmeg pinch, and the minced parsley. Serve very hot.

Sopa de hongos

Ingredientes

Hongos secos 50 grs.
Champiñones 200 grs.
Agua 1/2 lt.
Ajo 1 diente
Apio 100 grs.
Zanahoria 1
Manteca 50 grs.
Caldo de verduras 1 lt.
Arroz 1 taza
Sal y pimienta a gusto

Preparación

Poner los hongos en agua no muy caliente, dejar remojar. Picar la mitad de los champiñones y la restante cortarla en juliana. Picar también la zanahoria, el ajo, la cebolla y el apio.
Retirar del agua los hongos y guardar el jugo. Hervir las verduras.
En una cacerola mediana derretir la manteca y una vez caliente agregar las verduras sólo para que se rehoguen unos minutos. Posteriormente agregar los champiñones picados y el jugo. Añadir el caldo de verduras, salpimentar. Hervir 1 hora, luego incorporarle los hongos.
Mientras tanto hervir el arroz, una vez tierno agregar a la sopa, incorporarle las mitades de los champiñones para decorar.

Opción: se pueden colar las verduras y solamente utilizar el caldo colocando por último aquí los hongos y los champiñones. Hervir y... Servir.

Sr. Pedro
Tolhuin

Potage aux champignons

Ingrédients

Champignons secs de la région 50 g.
Eau 1/2 l.
Ail 1 gousse
Céleri 100 g.
Champignons de Paris 200 g.
Carotte 1
Beurre 50 g·.
Bouillon de légumes 1 l.
Tasse de riz 1
Sel, poivre

Préparation

Trempez les champignons de la région dans l'eau pas très chaude. Hachez la moitié des champignons de Paris et coupez le reste en julienne. Machez aussi la carotte, l'ail, l'oignon et le céleri. Retirez les champignons de la région de l'eau, réservez le jus. Faites chauffer le beurre dans une casserole moyenne et faites-y rissoler le hachis pendant quelques minutes. Ajoutez les champignons hachés et le jus, arrosez avec le bouillon de légumes, assaisonnez et laissez mijoter pendant une heure, puis incorporez les champignons de la région. Pendant ce temps, faites cuire le riz à l'eau; lorsqu'il est moelleux, incorporez-le au potage. Décorez avec les champignons de Paris coupés en julienne.
Remarque: Vous pouvez passer les légumes à la passoire et n'employer que le Iiquide de cuisson. En ce cas, ajoutez les champignons (ceux de la région et de Paris) et laissez mijoter.

Fungi soup

Ingredients

Dry fungi 50 grs.
Champiñones 200 grs.
Water 1/2 liter
Garlic 1 clove
Celery 100 grs.
Carrot 1
Butter 50 grs.
Broth of vegetables
Rice 1 cup
Pepper and salt (to taste)

Preparation

Put the fungi on water not very hot, let it soak. Mince half of the champiñones and the remainder cut in small pieces, mince also the carrot, the garlic, the onion and the celery. Remove the fungi from the water and keep the juice. (to boil the vegetables) In a median pan, make the butter melt and once it's hot add the vegetables fry then lightly some minutes, therein after add the minced champiñones and the juice; add the broth of vegetables, season, boil 1 hour then incorporate the fungi. Meanwhile, put the rice to boil, once tender add to the   soup, incorporate the halves of the champiñones to decorate.
Option: vegetables can be strained the and only use the broth, putting by finishing here the fungi and the champiñones to boil and.. serve.

Hongos silvestres en milanesa

Ingredientes

Hongos medianos 2
Huevos 3
Pan rallado 1/4 kg.
Aceite
Ajo-perejil finamente picados 2 dientes
Orégano, ají molido
Sal y pimienta a gusto

Preparación

Pelar primeramente los hongos, lavarlos y proceder a cortarlos en rebanadas de 1 1/2 cm. de espesor. Salpimentarlos a gusto, pasarlos por huevos batidos con el resto de los condimentos, luego por pan rallado y finalmente freírlos en aceite.
Opción: en Iugar de usar pan rallado, se puede utilizar harina, y una vez fritos los escalopes introducirlos en una salsa de muy sencilla preparación, que pasaremos a explicar:
en una sartén, colocar un poco de aceite, calentar y agregar 1 cebolla, 2 dientes de ajo, 1 cebollita de verdeo, todo bien picadito. Rehogar, añadir una pizca de sal y una copa de vino blanco seco. Dejar evaporar el alcohol e introducir los escalopes fritos. Cocinar unos minutos para que tomen el gusto de la salsa y servir.

Sra. Adriana Magni
Sr. Fernando Uria
Ushuaia

Champignons panés

Ingrédients

Champignons moyens 2
Oeufs 3
Ail 2 gousses
Chapelure 250 g.
Huile
Persil finement haché
Origan
Chili moulu
Sel, poivre

Préparation

Épluchez les champignons, lavez-les et coupez-les en tranches de 1 1/2 cm d'épaisseur. Salez et poivrez selon vos goûts. Trempez-les dans les oeufs battus avec les condiments, puis roulez-les dans la chapelure. Faites-les frire à l'huile.

Remarque: Vous pouvez remplacer la chapelure par la farine, et tremper les champignons frits dans la sauce suivante, dont la préparation est tres simple:

Dans une poêle faites chauffer un peu d'huile. Faites-y revenir 1 oignon, 2 gousses d'ail et un jeune oignon, le tout finement haché. Salez, arrosez avec un verre de cognac et laissez l'alcool s'évaporer. Ajoutez les champignons frits et faites cuire quelques minutes pour que ceux-ci prennent le gout de la sauce. Servez.

Wild fungi in breadcrumbs

Ingredients

Middling fungi 2
Eggs 3
Rasped bread 1/4 kg.
Oil
Finely minced garlic 2 clove
Finely minced parsley
Oregano, ground chili
Pepper and salt

Preparation

Peel firstly the fungi, wash them and proceed to cut them in slices of 1 1/2 cm of thickness, season them to taste, pass them by beaten eggs with the rest of the spices, then by rasped bread and finally fry them in oil.

Option: Instead of using rasped bread, flour can be used, and once fried the scallops introduce them in a sauce of very simple preparation, that we will explain.

In a skillet, put a little of oil, heat and add 1 onion, 2 garlic clove, 1 spring onion, all finely minced. Fry lightly, add a salt pinch and a glass of dry white wine, let evaporate the alcohol and introduce the fried scallops. Cook some minutes so that take the taste of the sauce and serve.

Conejo al romero

Ingredientes

Conejo grande 1
Cebollas medianas 2
Ajo 1/2 cabeza
Morrón rojo 1
Romero picado 30 grs.
Vinagre 1/2 lt.
Caldo de verduras
Sal, orégano y pimienta a gusto

Preparación

Cortar el conejo en presas y dejarlo macerar en vinagre unas horas. Retirar las presas, dejarlas secar. Luego freírlas en manteca agregando el morrón picado y la cebolla. Cuando la carne esté dorada, agregar los ajos finamente cortados en tiritas y el orégano. Dejar pasar unos minutos revolviendo constantemente. Colocar el romero y el caldo de verduras salpimentado a gusto, y cocinar a fuego mediano hasta que las presas estén tiernas.
Acompañar con puré de manzanas.

Ushuaia

Lapin au romarinn

Ingrédients

Lapin gors 1
Oignons moyens 2
Tête d'ail 1/2
Poivron rouge 1
Romarin haché 30 g.
Vinaigre 1/2 l.
Bouillon de légumes
Origan
Sel, poivre

Préparation

Coupez le lapin en morceaux et laissez-les macérer dans le vinaigre pendant quelques heures. Retirez les morceaux, égouttez-les. Faites-les revenir au beurre, avec le poivron haché et l'oignon. Quand les morceaux du lapin sont bien dorés, saupoudrez avec l'ail finement haché et l'origan et poursuivez la cuisson quelques minutes en remuant sans arrêt. Ajoutez le romarin, versez le bouillon, salez et poivrez à votre goût. Faites cuire à féu moyen, jusqu'à ce que la viande soit tendre. Servez avec purée de pommes.

Rabbit to the rosemary

Ingredients

Big rabbit 1
Median onions 2
Garlic 1/2 head
Sweet red pepper 1
Minced rosemary 30 grs.
Vinegar 1/2 l.
Broth of vegetables
Salt, oregano, white pepper (to taste)

Preparation

Cut the rabbit in preys and put to soak in vinegar some hours. Remove the preys, put to dry. Then fry them in butter, adding the minced sweet red pepper and the onion.
When the meat this is browned add the garlic finely minced in strips and the oregano, let some minutes pass stirring constantly. Put the rosemary and the broth of vegetables seasoned to taste and cook to moderate flame until the preys are tender (accompany with apple mash).

Cordero con luche a la olla

Ingredientes

Carne de cordero sin grasa 1 kg.
Luche, remojado y lavado 200 grs.
Cebollas medianas 2
Ají morrón 1
Ajo 2 dientes
Tomate triturado 1 taza
Pimentón 1 crda.
Papas medianas 4
Condimentos varios a gusto
Sal y pimienta.

Preparación

Pelar las cebollas, el ajo y el ají, picar bien. En una olla colocar un chorrito de aceite y rehogar los ingredientes. Agregar el cordero cortado en cuadraditos y sellarlo dorándolo. Salpimentar a gusto. Añadir el vino y el tomate. Cocinar unos 15 minutos agregando agua si fuese necesario. Posteriormente incorporar el luche y las papas cortadas en trocitos. Cocinar a fuego lento hasta que estén a punto las papas.

✓ Luche: algas de la región

Sra. Adriana Magni
Sr. Fernando Uria
Ushuaia

Agneau au luche

Ingrédients

Agneau dégraissé 1 kg.
Luche (algue de la région) lavé et trempé à l'eau 200 g.
Oignons moyens 2
Poivron rouge 1
Ail 2 gousses
Tasse de tomate écrasée
Pommes de terre moyennes 4
Poivron rouge en poudre 1 cuillerée
Condiments à votre goût
Sel, poivre

Préparation

Hachez finement les oignons, l'ail et le poivron, que vous aurez épluchés. Dans une marmite mettez un filet d'huile et faites-y, revenir le hachis. Ajoutez l'agneau coupé en petits dés, faites-le dorer. Salez et poivrez à votre goût. Mouillez avec le vin, incorporez la tomate écrasée et faites cuire pendant 15 minutes environ, en ajoutant de l'eau si nécessaire. Puis incorporez, le luche et les pommes de terre coupées en petits morceaux. Faites mijoter, jusqu'à ce que les pommes de terre soient à point.

Lamb with *luche to the pot

Ingrédients

Lamb meat without fat 1 kg.
Luche (seaweed of zone), soaked and washed 200 grs.
Median onions 2
Sweet red pepper 1
Garlic 2 clove
Mashed tomato 1 cup
Paprika 1 spoonful
Median potatoes 4
Several spices to taste
Salt and pepper

Preparation

Peel the onions, the garlic and the chili, mince well. In a pot put a small gush of oil and fry lightly the ingredients. Add the lamb cut in small dices and seal it through the gilded. Season to taste. Add the wine and the tomato, cook some 15 minutes adding water if it would be necessary. Therein after incorporate the luche and the potatoes cut in small pieces. Cook to slow flame until the potatoes are at the wright point.

*regional searveed

Recetas con cholgas y buen humor

Nota: hoy he recibido de un cliente de nuestra casa y buen vecino, Fernando Uria, (que como muchos ya está enterado de la confección de este libro de cocina), unas recetas narradas en un par de hojas, las cuales, por su contenido (tanto culinario como humorístico) han sido transcriptas en su totalidad por que creemos que son las más originales yue hemos rescatado.

Si consigue cholgas frescas, buceadas a profundidad y grandes...
1° póngase contento y después avíseme como hizo
2° tiene varias alternativas de comerlas:

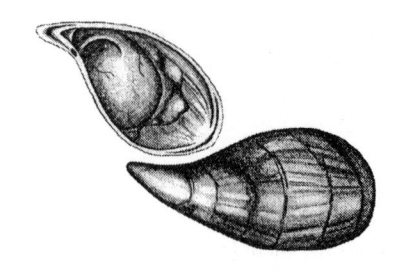

Básica

Limpie cuidadosamente las valvas con abundante agua y con un cuchillo raspe hasta despegar todo lo que tenga adherido.
En una olla disponga un fondo de agua (no mucha) y si quiere agregue algunas hierbas aromáticas de su elección. (Póngalas a hervir con las cholgas adentro, tape y controle a menudo, hasta que el vapor abra las valvas (después de un tiempo prudencial de hervor deseche las cerradas).
Sáquelas con una espumadera y disponga una cantidad en un plato.
Tan pronto lo toleren sus dedos termine de abrir cada una. Tome la valva en la que quedó el molusco como una cuchara y llévelo a la boca previo paso de agregar unas gotas generosas de jugo de limón exprimido a dedo.
Cada tres cholgas aproximadamente levante el vaso en el que se habrá servido una abundante medida de vino blanco seco (gástese unos pesos)... Y beba un sorbo (lo generoso que guste)
Continúe hasta donde pueda y váyase a dormir la siesta.

PD: si todo esto lo puede hacer (como en las viejas épocas) a la orilla del canal, un día de verano, con poco viento, soleado y en compañía de amigos (esposas también, no sea machista)... Por favor invite!!!

Recettes avec *cholgas et humour

Fernando Uria, un client qui, comme beaucoup d'autres, a appris la confection de ce livre, nous a apporté, en bon voisin, quelques recettes. En raison de leur contenu, tant culinaire comme humoristique, nouns les avons réproduites fidèlement. À notre avis, ces recettes sont les plus originales que nous avons recueillies. Si vous trouvez des cholgas grandes, fraîches, et péchées dans I'eau profonde... Réjouissez-vous et après racontez-moi comment vous avez fait.

Vous avez plusieurs façons de les préparer.

*mollusque de la région

Recette basique: lavez soigneusement les cholgas à grande eau, grattez-les à l'aide d'un couteau pour enlever débris d'algues et petits coquillages. Mettez-les dans une marmite avec l'eau et quelques fines herbes à votre choix.

Faites cuire à couvert jusqu'à ce que les mollusques s'ouvrent; laissez passer un temps raisonnable et rejetez ceux qui restent férmés. Retirez les cholgas à l'aide d'une écumoire et disposez-les sur une assiette. Achevez de les ouvrir aussitôt vos doigts le permettent. Prenez chaque corquille avec le mollusque comme une cuiller et portez-la à la bouche, après l'avoir arrosée avec queques gouttes de jus de citron pressé à la main. Environ toutes les trois cholgas, levez le verre où vous aurez versé une abondante mesure de vin blanc sec (dépensez queques sous) et buvez une gorgée si génereuse que vous le voulez. Continuez jusqu'à ne plus pouvoir et allez faire la sieste.

Si, comme au bons vieux temps, vous pouvez faire tout cela sur les rives du canal, pendant un jour d'été ensoleillé et sans vent, avec amis (et leurs femmes aussi, ne soyez pas machiste) invitez-nous, s'il vous plaît!

Recipes with *cholgas and good humor

Note: today I have received a client of our house, Fernando Uria, that as many other is, already noticed of the confection of this cookbook, and therefore, as good neighboring; brought us some recipes narrated in a pair of sheets, those which, by their content, culinary us well us humorous, have been all written, because we believe they are the most original than we have got.

If procures cholgas fresh, dived to depth and large...

1) Be of good humor and then tell me how did you manage?
2) You have several alternatives for eating them.

*regional mollusk

Basic: clean carefully the valves with abundant water and with a knife scrape until ungluing all what has adhered. In a pot put a water bottom (not much) and if you want, add some aromatic weeds of your taste. Put to boil with the cholgas inside, cover and control often, until the steam open the valves (after a prudential time reject the closed). Take out with a skimmer and put a quantity in a plate. As soon us your fingers tolerate, end of opening each one. Take the valve in which the mollusk remained as a spoon and take to your mouth with the previous step of adding some generous drops of lemon juice squeezed to finger.

Each three cholgas approximately lift the glass in which will have been served an abundant measure of dry white wine (spend some money!)... And drink a sip (as generous as you like). Continue until yuu can and go to take an aftenoon nap.

PS: if you are able to do all this (as in the old times) to the border of the channel, a summer sunny day, with little wind, and with, friends company (wives also, do not be male chauvinist)... Please invite us!

Variante con cholgas ya peladas

1) A la milanesa

Pase las cholgas por huevo batido con sal y pimienta, perejil y ajo picado, luego por pan rallado y por último fría en abundante aceite hirviendo (no mucho tiempo, sólo hasta dorar). Luego coloque sobre un papel absorbente para secar... (está permitido chuparse los dedos)

2) Al escalope con salsa verdeajo

Prepare un batido con harina (leudante si hay), sal, un huevo y agua (si se juega ponga cerveza en vez de agua) hasta obtener una masa chirle (ojo, no tanto).
Pase (con un tenedor, no con los dedos) las cholgas por la preparación (el punto debe ser como para que se quede pegado una capa en cada cholga); póngalas a freír en una sartén con aceite común ya hirviendo y unas gotitas de aceite de oliva para perfumar. Trate de hacerlas girar para yue se doren parejo. Luego póngalas sobre papel absorbente y no se las coma todavía. En una sartén ponga nuevamente aceite y al fuego (no mucho) corte una cebolla (común o de verden) picadita, perejil y un ajito (la cantidad según el futuro alimento) todo en la sartén a fuego no muy fuerte (se quema el ajo) rehogar. Agregar sal y pimienta y una copa de vino blanco seco. Cocinar unos minutitos. Agregue 1/2 cucharada de maizena diluída en agua, y luego introduzca las cholgas. Espere unos minutitos y sirva.

Sr. Fernando Uria
Ushuaia

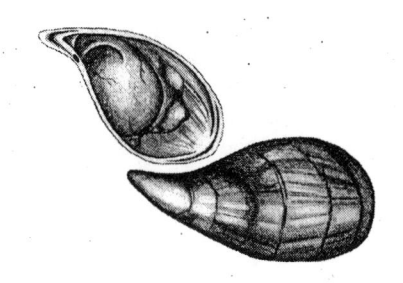

Variations avec cholgas décortiquées

1) À la milannaise

Trempez les cholgas dans l'oeuf battu avec sel, poivre, persil et ail haché, puis passez-les dans la chapelure. Faites-les frire à l'huile chaude jusqu'à ce que les mollusques soient dorés. Retirez, égouttez sur un papier absorbant. Il est permis de se lécher les doigts.

2) À l'escalope

Dans un récipient mettez de la farine, du sel, un oeuf et de l'eau (si vous vous jouez, mettez de la bière au lieu de l'eau). Batez jusqu'à obtention d'une pâte molle (mais pas beaucoup). À l'aide d'une fourchette (et pas avec les doigts) passez les cholgas dans cette préparation, de façon qu'une couche adhère sur chaque mollusque. Dans une poêle, faites chauffer de l'huile ordinaire parfumée avec quelques gouttes d'huile d'olive, faites-y frire les mollusques en les tournant pour qu'ils soient bien dorés. Retirez, disposez-les sur un papier absorbant (n'en mangez encore). Faites chauffer à nouveau de l'huile dans une poêle, jetez-y un oignon finement haché, une gousse d'ail et du persil. Faites-les revenir à feu pas très fort (l'ail brûle). Salez, poivrez, arrosez avec un verre de vin blanc sec. Faites cuire quelques minutes. Ajoutez une demi-cuillerée de maïzena délayée dans l'eau, incorporez les cholgas. Attendez quelques minutes et servez.

Varyng with cholgas already peeled

1) To the *milanesa

*done in breadcrumbs
Pass the cholgas for beaten egg with salt and pepper, parsley and minced garlic, then by rasped bread and finally fry in abundant boiling oil (not much time, only until browning). Then put it on an absorbent papper to dry... (it is permitted to lick one's fingers)

2) To the scallop with green garlic sauce.

Prepare a beaten with flour, (yeast flour if possible) salt, an egg and water (if you dare put beer instead of water) until obtaining a tender paste (not be careful not so much) Pass (with a fork, not with the fingers) the cholgas by the paste (the point must be us so that a cap is remained in each cholga); put to fry in a skillet with
common oil already boiling and some small drop of olive oil to perfume. Try to turn them so that they get both sides browned .
Then put on absorbent papper and do not eat them yet.
Put again in a skillet oil and to the flame (not much) cut an onion (common or of spring onion) finely minced, parsley and a little garlic (the quantity according to the future food). All in the skillet to flame not very strong (don't burn the garlic) fry lightly. Add salt and pepper and a glass of dry white wine. Cook some little minutes.
Add 1/2 spoonful of maizena dissolved in water, and then introduce the cholgas. Wait some little minutes and serve then.

Sardinas rellenas

Ingredientes

Sardinas medianas 1 kg.
Azafrán 1 cápsula
Cebollas medianas 2
Harina 1 taza
Perejil
Sal a gusto

Preparación

Lavar las sardinas, sacarles las escamas, tomar cada una por la parte del lomo y arrancar la cabeza. Posteriormente retirar las vísceras y terminar de limpiar, abrir y desprender el espinazo. Mientras tanto en una sartén volcar un poquito de aceite de oliva y rehogar las cebollas picadas finamente, añadir el azafrán, sal y el perejil a gusto y cocinar hasta terminar el rehogado. Tomar cada sardina y agregar con una cuchara parte del relleno, cubrirla con otra dejando el lomo hacia arriba, colocando la cola de la de arriba en la de abajo para evitar que se abra, posteriormente pasarlas por harina y finalmente freír en aceite caliente. Se sugiere al freír darlas vuelta con una espátula para evitar que se desarmen.

Gentileza Sra. Victoria Padín de Juárez
Ushuaia

Sardines farcies

Ingrédients

Sardines (taille moyenne) 1 kg.
Dose de safran 1
Oignons moyens
Tasse de farine 1
Persil
Sel

Préparation

Lavez les sardines, écaillez-les. Saicissez-les par le dos, enlevez-les la tête. Puis videz les poissons et enlevez l'aréte. Pendant ce temps, faites chauffer un peu d'huile d'olive dans une poêle et faites-y rissoler les oignons finement hachés. Ajoutez le safran et le persil et salez à votre goût. Poursuivez la cuisson, jusqu'à ce que les oignons soient bien dorés. À l'aide d'une cuiller, versez un peu de cette préparation sur chaque sardine. Disposez les poissons sur un plat en les faisant chevaucher, dos en haut, en mettant la queue de celle d'en haut sur celle d'en bas pour qu'elles ne s'ouvrent pas. Farinez-les et faites-les frire à l'huile chaude. On vous suggère de les retourner avec une spatule pour éviter qu'elles se désagrègent.

Stuffed sardines

Ingredients

Median sardines 1 kg.
Saffron 1 capsule.
Median onions 2
Flour 1 cup
Parsley
Salt to taste

Preparation

Wash the sardines, remove the scales, take each one hy the part of the loin and take out the head, therein after remove the viscera and end cleaning, opening and detaching the backbone. Meanwhile in a skillet pour little olive oil and fry lightly the minced onions finely, add th e saffron, salt and the parsley to taste and cook until finishing to fry lightly. Take each sardine and add with a spoon part of the stuffed, cover it with other placing the loin upward, putting the upper tail on down to avoid it opens, therein after pass them by flour and finally fry in hot oil. It is suggested while frying turn then with a spatula to uvoid they should disarme.

Cazuela de róbalo a la crema

Ingredientes

Róbalo en rodajas 1 kg.
Cebolla 1
Puerro 2
Zanahoria en fetas muy finas 1
Morrón rojo 1
Crema de leche 250 cc.
Queso rallado 100 grs.
Harina 4 crdas.
Ajo 1/2 cabeza
Perejil y ají molido cantidad necesaria
Sal y pimienta a gusto

Preparación

Picar finamente la cebolla, el puerro, el morrón, la zanahoria, el ajo y en una sartén rehogar en manteca unos minutos. Añadir los condimentos y cocinar. Luego salpimentar el pescado, pasar cada rodaja por harina colocándolo sobre los vegetales rehogados, volcar la mitad de la crema y seguir cocinando unos 10 minutos a fuego suave. Agregar el resto de la crema, el queso rallado y gratinar en el horno o tapar y terminar sobre la hornalla.

Bar a la crème

Ingrédients

Bar coupé en tranches 1 kg.
Oignon 1
Poireaux 2
Poivron rouge 1
Carotte coupée
en très fines rondelles 1
Tête d'ail 1/2
Crème fraîche 250 grs.
Fromage râpé 100 grs.
Cuillerées de farine
Persil
Chili moulu
Sel, poivre

Préparation

Hachez finement l'oignon, les poireaux, le poivron, la carotte et l'ail. Faites revenir au heurre chaud dans une poêle pendant quelques minutes. Ajoutez alors les condiments et faites cuire. Salez et poivrez le poisson, farinez chaque tranche et mettez-la sur les légumes. Versez la moitié de la crème fraîche et laissez mijoter pendant 10 minutes. Ajoutez le reste de la crème et le fromage râpé. Vous pouvez continuer la cuisson à couvert, sur le feu, ou faire gratiner au four.

stewed robalo to the cream

Ingredients

Róbalo in slices 1 kg.
Onion 1
Leeks 2
Carrot in very fine slices 1
Sweet red pepper 1
Milk cream 250 cc.
Rasped cheese 100 grs.
Flour 4 spoonfuls
Garlic 1/2 head
Parsley, ground chili
Salt and pepper

Preparation

Mince the onion, the leek, the sweet red pepper, the carrot, and the garlic finelly and in a pan fry lightly in butter some minutes. Add the spices and cook. Then season the fish, pass each slice hy flour putting it on the fried lightly vegetables, pour half of the cream and follow cooking some 10 mirrutes to soft flame, add the rest of the cream, the rasped cheese and cook au gratin in the oven, or cover and finish the cooking on the flame.

Conejo al disco

Nota: hoy fui a lo del gallego García, carnicero de profesión, y como es domingo casi siempre hacemos asado en casa; por lo tanto, ya en la carnicería, mientras me corta la carne elegida, y entre mate y mate, le comento acerca del libro que estamos haciendo, ante ello y con ambas manos se toma la panza y dice sonriente: anoche me comí un conejito al disco que me salió fantástico. Por lo tanto y entre la mateada lo convencí para que me diera la receta y fuera ésta una de las elegidas para el libro. Como no tenia una hoja en blanco, le sacamos un pedazo de papel a la bolsa de carbón gue había reservado para mi...Y me fui con la preciada receta.

Ingredientes

Un conejo de 2 kg.
Cebollas 1/2 kg.
Morrón rojo 1
Vino blanco 3/4 lt.
Ajo 1 cabeza
Romero 20 grs.
Otros condimentos a gusto
Sal y pimienta a gusto

Preparación

Calentar el disco, agregar la manteca, cuando ésta se derrita incorporar las presas de conejo y dorarlas. Agregar picados la cebolla y el morrón. Condimentar con sal y pimienta. Incorporarle el romero y los ajos en dientes enteros. Volcar el vino y cocinar a fuego lento durante una hora y media. Acompañar con papas fritas.

El Gallego García
Ushuaia

Lapin au disque

Ingrédients

Lapin de 2 kg 1
Oignons 1/2 kg.
Poivron rouge 1
Tête d'ail 1
Romarin 20 grs.
Vin blanc 750 cc.
Autres condiments
à votre goût
Sel, poivre

Remarque.

Aujourd'hui je suis allé chez Garcia le Galicien, boucher de son état. Comme c'est dimanche, on fait un rôti à Ia maison. Pendant qu'il coupait la viande, je lui ai parlé du livre qu'on est en train de faire. Alors il s'est pris le ventre à deux mains e m'a dit, en souriant: "hier soir j'ai mangé un lapin au disque que j'ai réussi fort bien ". Entre maté et maté, je lui ai convaincu de me rendre la recette pour l'incorporer au livre. Comme il n'y avait pas de feuilles en blanc, on a arraché un morceau de papier au paquet de charbon qu'il gardait pour moi, et je suis parti avec la recette.

Préparation

Faites chauffer le disque, faites-y fondre le beurre. Incorporez les morceaux de viande, faites-les dorer. Ajoutez l'oignon et le poivron rouge hachés, salez et poivrez. Incorporez le romarin et l'ail, arrosez avec le vin et faites cuire à petit feu pendant une heure et demie. Accompagnez avec pommes de terre frites.

Rabbit to the disk

Ingredients

Rabbit of 2 Kg.
White wine 3/4 lt.
Onions 1/2 kg.
Sweet red pepper
Garlic l head
Rosemary 20 grs.
Other spices to taste
Pepper and salt

Note

Ttoday I went to the Galician Garcia's butcher of profession, and as all Sundays, we almost always have a meat barbacue at home . Then, when I was at the butcher's shop, while he cutted for me the chosen meart, (and among "mate and mate") 1 told him about the recipe's book that we are writing. He took his paunch with both hands and said smiling: last night I ate a little rabbit to the disk, it was fantastic! Therefore l convinced him to give me the recipe and that this shoud be one of the chosen for the future book. As he hadn't got a single sheet of paper, we wrote it on a paper from the coal bag that he had reserved for me. But I came back home with the wished recipe!

Preparation

Put the disk to heat, add the butter, when this is melted, incorporate the rabbit preys and brown them. Add minced onions and the sweet red peppers, relish with salt and pepper, incorporate the rosemary and the garlic in entire cloves. Pour the wine and cook to slow flame during an hour and half. Accompany with french fries.

Conejo al escabeche

Ingredientes

Un conejo grande trozado
Cebollas grandes cortadas en mitades 2
Zanahorias medianas cortadas juliana 4
Puerro 2
Hojas de laurel 5
Limón en rodajas 1
Perejil picado a gusto
Aceite SO cc.
Ajo 1 cabeza
Pimienta negra en grano 1 crda.
Cebolla de verdeo en juliana 1
Vinagre, el necesario.
Sal a gusto

Preparación

Poner en una olla la mitad de las verduras, repartir los trozos de conejo, agregar el laurel, la pimienta, el perejil, el ajo en dientes, las rodajas de limón y salar a gusto. Posteriormente incorporar el resto de las verduras, el aceite y el vinagre. Si es necesario agregar agua hasta cubrir. Llevar a fuego suave unas 2 horas aproximadamente. Dejar reposar y enfriar.
Servir después de 48 horas de reposo.

Lapin à l'escabeche

Ingrédients

Lapin coupé
en morceaux 1 gros
Carottes moyennes
coupées en julienne 4
Oignons coupés
en moitiés 2 gros
Poireaux 2
Téte d'ail 1
Citron coupé en rondelles 1
Jeune oignon
coupé en julienne 1
Feuilles de laurier
Persil haché
Huile 50 cc.
Vinaigre
Poivre noir en grains 1 cuillerée
Sel

Préparation

Mettez dans une marmite la moitié des légumes. Disposez par-dessus les morceaux de lapim, ajoutez les feuilles de laurier, le poivre, le persil, l'ail et le citron; salez à votre goût. Incorporez le reste des légumes, versez l'huile et le vinaigre. S'il le faut, arrosez avec assez d'eau pour couvrir la viande. Faites mijoter pendant environ deux heures. Laissez refroidir et reposer 48 heures avant de consommer.

Pickled rabbit

Ingredients

Big rabbit in slices 1
Big onions cut in halves 2
Medians currots
cut in small pieces 4
Leeks 2
Bay leaf 5
Lemon in slices 1
Parsley minced to taste
Oil 50 cc.
Garlic 1 head
Blackpepper in grain 1 spoonful
Spring onion in small pieces 1
Vinegar, quantity necessary
Salt to taste

Preparation

Put on a pot half of the vegetables; distribute the rabbit slices, add the laurel, the pepper, the parsley, the garlic in clove, the lemon slices and salt to taste.
Therein after incorporate the rest of vegetables, oil and the vinegar, if it is necessary add water until covering,
take to soft flame some 2 hours approximately.
Let it rest and cool.
Serve 48 hs. after.

Empanadas de cordero o capón

Ingredientes para la masa

Harina común 2 tazas
Grasa de vacuno 1 crda.
Agua caliente 1/2 taza
Sal 1 cucharada

Freír
Grasa o aceite (cantidad necesaria)

Ingredientes para el relleno

Carne de cordero o capón 1 kg.
Cebollas de verdeo 1/2 kg.
Orégano 2 cucharadas
Cantidad necesaria:
Aceitunas verdes 80 grs.
Huevos duros 2
Pasas de uva 50 grs.
Sal, ají molido y pimentón

Preparación

Sobre una superficie plana, colocar la harina en forma de círculo, espolvorear la sal, colocar en su interior o centro el agua caliente y la grasa derretida, revolver y comenzar a amasar. Dejar reposar unos instantes. Luego estirar con palo hasta llegar al espesor deseado (siempre es polvorear con harina para evitar que la masa se pegue en la mesa). Posteriormente cortar las tapas.

Por otro lado, picar la carne del cordero o capón a cuchillo y sumergirla en agua hirviendo unos instantes para blanquearla: este procedimiento hace también que pierda el gusto fuerte si lo tiene (varía según el animal).

En una sartén profunda, colocar la cebolla picada y rehogarla unos instantes. Agregar luego la carne de cordero bien seca (libre de agua), cocinar tres minutos y apagar el fuego. Añadir el resto de los condimentos: orégano, pimentón, ají molido, sal, huevos picados y aceitunas. Dejar enfriar.

Una vez frío el relleno, proceder a colocarlo sobre las tapas de empanada (ojo no olvidar de mojar con agua los bordes de las tapas antes de cerrarlas). Hacer el repulgue y freír preferentemente en grasa.

Empanadas d'agneau

Ingrédients Pour la pâte: *tasses de fárine ordinaire 2 /graisse de vache 1 cuillerée / cuillerée de sel 1 /tasse d'eau chaude 1/2*

Pour la farce: *Viande d'agneau 1 kg. /jeunes oignons 1/2 kg. /oeufs dur hachés 2 / olives vertes 80 g. /raisins secs 50 g. /origan 2 cuillerées /chili moulu, quantité suffisante /poivron rouge en poudre, quantité suffisante /sel /huile ou graisse pour la friture (quantité suffisante)*

Préparation

Disposez la farine en cercle sur une surface plane; saupoudrez de sel. Faites un creux au centre pour y verser l'eau chaude et la graisse fondue, remuez et commencez à pétrisser, laissez reposer quelques instants. Puis étalez au rouleau jusqu'à obtention de l'épaisseur désirée. Saupoudrez constamment avec la farine pour éviter que la pâte colle à la table. Ensuite, découpez les "tapas" (cercles de 10 cm de diamètre). D'autre part, hachez la viande avec un couteau et trempez-la dans l'eau bouillante pour la blanchir; enplus, cette méthode adoucit la saveur un peu corsée de cette viande. Essuyez soigneusement. Dans un poêle profonde, faites revenir quelques instants l'oignon haché; ajoutez la viande bien essuyée, faites cuire pendant trois minutes et éteignez le feu. Ajoutez le reste des ingrédients. Laissez refroidir. Posez un peu de farce au centre de chaque cercle; humectez le bord. Rabattez la pâte par-dessus et pincez avec les doigts. Faites frire, de préférence dans la graisse.

Lamb pies (empanadas)

Ingredients for the pastry: *Common flour 2 cups /Bovine fat 1 spoonful /Salt 1 spoonful / Hot water 1 cup.*

Ingredients for the stuffed: *Lamb or castrated meat 1 kg. /Spring onions 1/2 kg. / Oregano 2 spoonfuls /Green olives 80 grs. /Hard boiled eggs 2 /Grape pass 50 grs. / Salt, ground chili, paprika (necessary quantity)*

To fry: *Fat or oil (necessary quantity)*

Preparation

On a plain surface, put the flour in the form of circle, powder with salt, put on the center the hot water and the melted fat, turn up and begin to knead, let it rest some instants. Then stretch with stick until get the wished thickness always powder with flour to avoid the pastry should stick on the table. Then cut little circles.

On the otherhand mince the lamb or castrated meat with a knife, and put it in boiling water for some instants, this procedure also makes it lose the strong taste it has. Sometimes it changes according to the animal.

Put the minced onion in a deep pan, fry lightly some instants, then add the lamb meat well dried and free from water. Cook three minutes and turn out the flame. Here add the rest of the spices (Oregano, paprika, ground chili, salt, minced eggs and olives). Let it cool, and then begin to put the stuffed meat on the small discs, water the edges before closing them, then fry the pies, is possible in hot fat.

Empanadas de maucho

Ingredientes

Maucho previamente limpio y hervido 1 kg.
Cebolla picada 1/2 kg.
Huevos duros 3
Perejil picado
Comino
Orégan o sal

Preparación

Picar finamente la cebolla, rehogar en aceite, agregar los mauchos picados y cocinar hasta yue larguen el primer jugo. Condimentar con ají molido, pimienta, sal, orégano, comino y cocinar a fuego lento unos 25 minutos. Si es necesario agregar caldo de verduras. Agregar el perejil y dejar enfriar. Rellenar los discos agregando un trozo de huevo duro.
Freír preferentemente en margarina vegetal o grasa de vaca.

✓ Maucho: molusco de la zona.

Empanadas de maucho (poisson de la région)

Ingrédients

Maucho vidé et cuit à l'eau 1 kg.
Oignons finement hachés 1/2 kg.
Oeufs durs 3
Persil haché
Cumin
Origan
Sel, poivre

Préparation

Faites revenir les oignons dans l'huile, ajoutez les mauchos haches et faites cuire jusqu'à obtention du premier, jus de cuisson. Assaisonnez avec sel, poivre, chili moulu, origan et cumin, et laissez mijoter pendant environ 25 minutes. Ajoutez du bouillon de légumes si nécessaire. Saupoudrez de persil haché et laissez refroidir. Emplissez les discos en ajoutant un petit morceau d'oeuf dur sur chacun. Faites frire, de préférence dans la margarine végétale ou la graisse de vache.

*Maucho pies

Ingredients

Maucho previously cleaned and boiled 1 kg.
Minced onion 1/2 kg.
Hard boiled egg 3
Minced parsley
Cumin
Oregano
Salt

Preparation

Mince the onion finely, fry lightly in oil, add the minced mauchos and cook until it releases the first juice. Relish with ground chili, pepper, salt, oregano, cumin and cook to slow flame some 25 minutes, if it is necessary add broth of vegetables. Add the parsley and let it cool.
Fill the disks adding a hard boiled egg piece.
Fry if possible in vegetable margarine or cow fat.

*regional mollusk

Guiso de cordero

Ingredientes

Carne de cordero s/grasa 1 kg.
Cebollas 2
Zanahorias 2
Morrón rojo 1
Hongos de la zona precocidos 1/2 kg.
Harina 1 crdita.
Ajos 3
Tomates grandes maduros 2
Papas grandes 3
Comino, perejil y ají molido
Sal y pimienta a gusto

Preparación

Colocar un poco de aceite en una cacerola de hierro, agregar la cebolla picada, el morrón, los ajos y rehogar unos minutos a fuego medio. Luego incorporar el cordero trozado en daditos, agregar el perejil, el comino, el ají molido y salpimentar a gusto. Seguir revolviendo unos minutos más, luego ir agregando el caldo de verduras, los tomates triturados, las zanahorias cortadas en rodajas, poco después las papas (también cortadas en rodajas) y continuar a fuego fuerte 10 minutos más. Aquí colocar los hongos y mantener el fuego hasta comprobar que esté todo cocido y a punto. Si el jugo quedara demasiado ligero agregar la cucharadita de harina.

Ragoût d'agneau

Ingrédients

Agneau dégraissé 1 kg.
Oignons 2
Carottes 2
Poivron rouge 1
Champignons de la région préalablement cuits 1/2 kg.
Farine 1 cuillerée à thé
Ail 3 gousses
Tomates mûres 3 grandes
Pommes de terre 3 grandes
Persil
Cumin
Sel, poivre

Préparation

Dans une casserole enférmettez un peu d'huile, jetez-y les oignons hachés, le poivron et l'ail, et faites-les rissoler à feu moyen pendant quelques minutes. Ajoutez la viande coupée en petits dés, le persil, le cumin et le chili moulu, en remuant souvent. Salez et poivrez. Remuez encore quelques minutes et arrosez avec le bouillon de légumes; incorporez les tomates écrasées, les carottes coupées en rondelles; ajoutez peu après les pommes de terre également coupées en rondelles. Poursuivez la cuissun à féu vif pendant 10 minutes. Ajoutez les champignons et faites cuire, jusqu'à ce que le tout soit cuit à point. Si le jus est trop léger, ajoutez la cuillerée de farine.

Lamb stew

Ingredients

Lamb meat without fat 1 kg.
Onions 2
Carrots 2
Sweet red pepper 1
Fungi of the zone, precooked 1/2 kg.
Flour 1 teaspoonful
Garlic 3
Mature big tomatoes 2
Big potatoes 3
Cumin, parsley, ground chili and salt

Preparation

Put a little of oil in a pan, add the minced onion, the sweet red pepper, the garlic and fry lightly some minutes on middle flame. Then incorporate the lamb slices in little dices, add the parsley, the cumin, the ground chili and season to taste. Go on mixing some minutes more, then go adding the broth of vegetables, the mashed tomatoes, the carrots cut in slices, then the potatoes (idem the carrots) and continue to strong flame 10 minutes more. Here put the fungi and maintain the flame until proving that it is all cooked and just right. If the juice results too light add a flour teaspoonful.

Pate de centolla

Ingredientes

Carne de centolla 300 grs.
Vino blanco seco 1 vaso
Manteca 50 grs.
Crema de leche 150 grs.
Gelatina sin sabor (cantidad necesaria)
Colorante colorado
Perejil picado 1 crda.
Nuez moscada molida 1 crda.
Sal, pimienta y comino a gusto

Preparación

Colocar manteca en un recipiente a fuego mínimo, una vez derretida la manteca, introducir la centolla condimentada con todas las especies, el colorante, la gelatina sin sabor y el vino blanco. Seguir cocinando lentamente unos 20 minutos. Retirar del fuego. Agregar 100 g. de crema de leche, luego licuar. Repetir esto si es necesario hasta lograr una pasta suave y libre de grumos. Volcar el preparado en un bols previamente enmantecado y colocar en la heladera hasta el otro día. Desmoldar entero, a baño maría.
Servir con canapés o tostadas recién horneadas.

Sra. Catalina

Paté d'araignée de mer

Ingrédients

Chair d'araignée de mer 300 g.
Creme fraîche 150 g.
Beurre 50 g.
Gelée instantanée (quantité suffisante)
Colorant rouge
Persil haché 1 cuillerée
Noix muscade râpée 1 cuillerée à café
Sel, poivre

Préparation

Dans une cocotte, faites fondre le beurre à feu doux. Mettez-y l'araignée de mer assaisonnée avec toutes les épices, le colorant, la gelée et le vin. Faites mijoter pendant 20 minutes. Retirez du feu, ajoutez la crème fraîche et passez au mixeur. Faites fonctionner à nouveau l'appareil si nécessaire, jusqu'à obtention d'une pâte homogène et sans grumeaux. Beurrez un bol, versez-y le paté et gardez au réfrigérateur pendant un jour avant de consommer. Démoulez au bain-marie. Servez sur des canapés ou des toasts.

spider crab paté

Ingredients

Spider crab meat 300 grs.
Dry white wine 1 glass
Butter 50 grs.
Milk cream 150 grs.
Gelatine without taste. (necessary quantity)
Red colored
Minced parsley 1 spoonful
Nutmeg 1 teaspoonful
Salt, pepper, cummin

Preparation

Put the butter in a pot, to minimal flame. Once melted the butter, introduce the spider crab relished with all the spices, red, the gelatine without flavor and the white wine. Follow cooking slowly some 20 minutes. Remove from the flame. Add 100 g. of milk cream, then liquefy. Repeat this if it is necessary, until a free and soft paste without of grumes is got. Pour the preparation in previously buttered bowls and put on the refrigerateur, from one day for other. Remove from the mould. Entire to bain-marie. Serve with canapés or toasted recently baked.

Pierna de cordero con panceta

Ingredientes

Pierna de cordero grande 1
Panceta ahumada 200 grs.
Queso roquefort 100 grs.
Crema de leche 100 grs.
Perejil y pimentón
Ají molido
Sal y pimienta a gusto

Preparación

Golpear bien la pierna de cordero, si es necesario sacarle los nervios (si los tuviera). Retirar el hueso que tiene en el centro, mechar con la panceta cortada en tiritas. Dejar macerar aproximadamente 3 horas. Salpimentar y cubrir la superficie de la presa con pimentón. Colocarla sobre una asadera y poner a cocinar a fuego fuerte, darlo vuelta un par de veces. Dejar cocinar una hora. Sacar del horno cambiar de asadera, previamente cubierta con papel de aluminio, colocar la pierna espolvorear con ají molido, agregar la crema de leche y el roquefort bien distribuido en trocitos. Cerrar el paquete con el papel de aluminio y cocinar a fuego medio unos 5 minutos. Acompañar con puré de zapallo o zanahorias glaceadas.

Sra. Lucía
Río Grande

Gigot d'agneau au lard

Ingrédients

Gigot d'agneau 1 gros
Lard fumé 200 g.
Roquefort 100 g.
Crème. fraîche 100 g.
Persil
Chili moulu
Poivron rouge en poudre
Sel, poivre

Préparation

Frappez bien le gigot, ôtez les nerfs s'il y en aurait. Ôtez ausci l'os du milieu. Remplissez avec le lard coupé en lanières. Laissez reposer pendat environ 3 heures. Salez, poivrez, saupoudrez avec poivron rouge en poudre. Placez le gigot sur un plat à four et faites-le cuire à feu vif pendant une heure; retournez-le deux fois pendant la cuisson. Rétirez du four. Placez le gigot sur un autre plat à four, chemisé d'aluminium ménager. Saupoudrez de chili moulu. Nappez avec la crème fraîche et parsemez de petits morceaux de roquefort. Enveloppez dans l'aluminium ménager et faites cuire au four moyen pendant environ 5 minutes. Accompagnez, avec purée de courges ou carottes glacées.

Larmb leg with bacon

Ingredients

Big lamb leg 1
Smoked bacon 200 grs.
Roquefort cheese 100 grs.
Milk cream 100 grs.
Parsley and pepper.
Ground chili, salt and paprika

Preparation

Beatwell the lamb leg, remove nerves if necessary and the bone that it has in the center. Lard with the bacon cut in slices. Let soak some 3 hours. Season and cover the surface of the prey mith paprika. Put it on a roasting pan. Put to cook to strong flame, turning a pair of times. Let cook an hour. Remove from the oven change the bake dish, previously covered with aluminum paper, powder the leg with ground chili. Add the milk cream and the Roquefort well distributed in small pieces, close the package with the aluminum paper and cook to middle flame some 5 minutes.
Accompany with gourd mash or carrots glacé.

Róbalo marinado con albahaca

Ingredientes

Róbalo 1 kg.
Albahaca picada 50 grs.
Huevos 4
Harina (cantidad necesaria)
Limón 1
Orégano
Sal y pimienta a gusto

Preparación

Limpiar el pescado, sacando todas las espinas que se encuentren, luego cortarlo en rodajas medianas. Salpimentar a gusto y colocarlas en un bols. Con los huevos previamente batidos, agregar la albahaca picada, la ralladura del limón y la mitad de su jugo. Dejar macerar durante media hora. Posteriormente en una fuente colocar harina suficiente y pasar el pescado rodaja por rodaja de ambos lados. Luego freir en aceite hirviendo.
Dejar escurrir y servir con guarnición de lechuga amarga de la zona, condimentada con sal y limón.

El Pescador
Río Grande

Bar mariné au basilic

Ingrédients

Bar d'environ 1 kg 1
Oeufs 4
Citron 1
Farine (quantité suffisante)
Basilic haché 50 g.
Origan
Sel, poivre

Préparation

Videz le poisson, enlevez les aretes et coupez-le en tranches moyennes. Salez et poivrez à votre goût. Mettez les tranches dans un bol avec les oeufs battus, saupoudrez avec le basilic et le zeste du citron râpé, arrosez avec la moitié de son jus. Laissez macérer pendant environ une demi-heure. Dans un plat, mettez la farine, pasez-y chaque tranche d'une face, puis de l'autre. Faites-les frire à l'huile bouillante, égouttez. Servez avec garniture de laitue amère de la région, assaisonnée avec sel et jus de citron.

Marinate róbalo with basil

Ingredients

Róbalo 1 kg.
Minced basil 50 grs.
Eggs 4
Flour (neccessary quantity)
Lemon 1
Oregano, salt and pepper

Preparation

Clean the fish, removing the thorns that are found, then cut it in median slices. Season to taste and put them on a bowl. With the previously beaten eggs, add the minced basil. The grated lemon rind and half of juice. Let soak a half hour. Therein after put enough flour in a pot and pass the slices by both sides. Constantly go frying in boiling oil. Let it drain and serve with bitter lettuce of the zone, relished with salt and lemon.

Róbalo al natural

Ingredientes

Un róbalo de 4 kg.
Vinagre 150 cc.
Orégano, sal y pimienta a gusto

Preparación

Limpiar cuidadosamente el pescado, tanto en su exterior como en su interior, posteriormente trozarlo en 3 ó 4 partes. Atar cada trozo con hilo a modo de arrollado y dejar reposar.
En un recipiente profundo, agregar el agua, el vinagre y los condimentos y colocar en el fuego durante 2 ó 3 horas. Sacar del recipiente sin romper y dejar enfriar en la heladera. Una vez fríos quitar los hilos.
Se puede servir con salsa golf, acompañado con lechuga morada, macerada con limón.

Bar au naturel

Ingrédients

Bar de 4 kg. 1
Vinaigre 150 cc.
Origan
Sel, poivre

Préparation

Lavez et videz soigneusement le poisson. Coupez-le en 3 ou 4 morceaux. Ficelez chacun, laissez reposer. Mettez les morceaux de poisson dans un récipient profond, arrosez avec l'eau et le vinaigre, ajoutez les condiments et faites cuire pendant 2 ou 3 heures. Retirez les morceaux sans les briser et laissez-les refroidir au réfrigérateur. Lorsqu'iLs sont froids, enlevez les ficelles. Servez avec sauce golf et laitue assaisonnée avec jus de citron.

Róbalo to the natural

Ingredients

Robalo of 4 kg.
Vinegar 150 cc.
Salt, pepper, oregano

Preparation

Clean carefully the fish, its exterior part as well as the inside, then slice in 3-4 parts. Tie each piece with a thread like rolls. Let them rest. In a deep pot, add the water, the vinegar and the spices and put on the flame during 2/3 hours. Remove from the recipient without breaking and let it cool in refrigerator. Once cold remove the threads.
It can be served with golf sauce, accompanied with purple lettuce, soaked with lemon.

Dulce de pan de indio

Ingredientes

Pan de indio 1 kg.
Ralladuras de naranjas 2
Naranjas exprimidas (jugo sin pellejo) 4
Jugo de limón 1 crdita.
Azúcar 700 grs.

Preparación

En un recipiente se coloca el pan de indio, el azúcar y las ralladuras de las dos naranjas. Añadir una cucharadita de jugo de limón y el exprimido de cuatro naranjas bien dulces. Dejar reposar durante 6 hs, para que macere bien. Posteriormente en el mismo recipiente cocinar a fuego lento sin dejar de revolver con una cuchara de madera, un tiempo no inferior a una hora, lo suficiente para que todo haya tomado la consistencia deseada.

Ushuaia

✓ Pan de indio o Llao-Llao: líquen comestible. Se observa en los árboles de la región patagónica.

Confiture de "Pan de indio"

Ingrédients

"Pan de indio" 1 kg.
Sucre 700 g.
Zeste de 2 oranges
Jus de 4 oranges
Jus de citron 1 cuillerée

Préparation

Mettez dans un récipient le ~pan de indio", le sucre et le zeste râpé des deux oranges. Ajoutez une cuillerée à café de jus de citron et le jus de quatre oranges très douces. Laissez macérer pendant 6 heures. Faites cuire à feu doux dans le même récipient, en remuant sans arrêt avec une cuiller en bois, pendant non moins qu'une heure, jusqu'à obtention de la consistance désirée.

*"Pan de indio" sweet

*indian bread

Ingredients

Indian bread 1 kg.
Grated oranges rind 2
Orange squeezed (juice without skin) 4
Lemon juice 1 spoonful
Sugar 700 grs.

Preparation

In a pot put the Indian bread, the sugar and 2 grated oranges rind, add a teaspoonful of lemon juice and the squeezed of four oranges well sweet, let it rest during 6 hs, so that it soaks well.
Then in the same recipient cook to slow flame, mixing continuously with a wood spoon, a not less than an a hour, time enough so that all should take the wished thicknes.

Pancito «La Unión»

Anecdotario

Como habitantes de tierra del fuego, sabemos que el pancito, por así llamarlo, de la panadería de Tolhuin, más conocida que por su nombre de fantasía, por el nombre de su dueño Emilio, es sin dudas un pan muy especial y aunque el propio Emilio nos manifiesta que es como cualquier otro, que utiliza los mismos ingredientes que tantos otros, entendemos que... O esto es debido a su gran modestia... ¡¡¡insistiendo!!!... También nos comenta que la diferencia en su pan es que esta hecho con mucho, mucho cariño, y conociéndolo estamos completamente seguros que así es. Por esto hemos conseguido que la receta del pancito este entre todos nosotros.

Ingredientes

Harina común 1 kg.
Sal 20 grs.
Aditivo para pan 50 grs.
Levadura 30 grs.
Agua cantidad necesaria

Preparación

Colocar sobre una mesa limpia la harina, agregando todos los demás ingredientes. Amasar hasta conseguir una masa suave. Sobar muy bien la masa...Con fuerza y cariño durante unos 10 minutos. Dejar reposar otros 5 minutos más. Luego formar el diseño elegido.
Cocinar en horno aproximadamente unos 15 minutos a 220° C.

Maestro panadero Víctor Guerra
Tolhuin

Petit pain "La Unión"

Les habitants de Tierra del Fuego savent que le petit pain de la boulangerie de Tolhuin (plus connue par le prénom de son propriétaire, Emilio, que par le nom du magasin) est sans doute un pain très spécial. Emilio dit qu'ils'agit d'un pain comme quelqu'un d'autre, et qu'il emploie à le faire les mêmes ingrédients que bien d'autres, mais nous attribuons ces mots à sa grande modestie. Il dit aussi que, s'il y avait une différence, elle se devrait à que son pain est fait avec beaucoup d'amour. Puisque nous le connaissons, nous sommes tout à fait sûrs que c'est vrai. C'est pour cela que nous avons réussi à que la recette du petit pain soit parmi nous.

Ingrédients

Farine ordinaire 1 kg.
Sel 20 g.
Additif pour le pain 50 g.
Levure 30 g.
Eau (quantité suffisante)

Préparation

Disposez la farine sur une table propre; ajoutez le reste des ingrédients. Étalez au rouleau jusqu'à obtention d'une pâte souple. Pétrissez avec force et amour pendant 10 minutes environ. Laissez reposer 5 minutes; puis, façonnez selon la forme choisie. Faites cuire au four à 220°C pendant environ 15 minutes.

Small bread "The Union"

Anecdotes collection: as Tierra del Fuego inhabitants, we all know that the so called bread can't be other than Tolhuin City bakery, more known by its fantasy name, this owner's name "Emilio". It is without any doubt, a very special bread and through the own Emilio says it is like any other, that he uses the same ingredients that so many others. We understand that... this is due to his great modesty. We insist! The difference with his bread is that it is made with much love and as we know him, we are completely sure that this is true. So, here we have the small breads recipe with us!

Ingredients

Common flour 1 kg.
Salt 20 grs.
Additive for bread 50 grs.
Yeast 30 grs.
Water necessary quantity.

Preparation

Put the flour on a clean table, add all the other ingredients. Knead until obtaining a soft mixture, knead very well ... with strenght and love, during some 10 minutes. Then let it rest other 5 minutes more. Then form the small breads (the desired design). Bake in oven approximately some 15 minutes to 220° C.

Cordero austral

Ingredientes

Una pierna de cordero
Aceitunas negras 300 grs.
Tomate 250 grs.
Cebolla 150 grs.
Puerro 150 grs.
Zanahoria 200 grs.
Huevos 4
Sal y pimienta a gusto

Preparación

Comenzar por preparar la pierna del cordero, deshuesarla y condimentarla a gusto, con sal y pimienta.
Cortar un trozo de papel de aluminio y enmantecarlo, sobre éste colocar la pierna, arrollarla lo mejor posible y cocinarla durante 45 minutos en el horno a fuego fuerte. Mientras dure el tiempo de cocción preparar la salsa.
En una olla mediana colocar agua y el demiglase tradicional dejando hervir.
En otra cacerola colocar manteca y derretir; añadir la cebolla cortada en daditos pequeños, (brunoise) rehogar bastante sin que se queme, agregando posteriormente el demiglase, las aceitunas cortaditas en tiritas y los tomates sin piel y sin semillas picaditos en daditos. Añadir el oporto, condimentar con sal y pimienta. Dejar reducir.

Guarnición

Cortar el puerro y la zanahoria en brunoise, ésta última cocinarla en agua hirviendo hasta que esté a punto. Cocinar el arroz. Aparte en una olla mediana rehogar el puerro en manteca, agregar el morrón cocido, añadir las zanahorias, los huevos y la salsa de soja, sin que los huevos se cocinen demasiado. Retirar del fuego y preparar unos moldes de aluminio (timbal) pintarlos con manteca y rellenarlos con el arroz preparado, poner en una fuente y reservar.
Retirar el cordero, sacarle el papel de aluminio, cortar en rodajas y armarlas en el plato colocando el timbal en el centro del plato y salsear. Servir.

Chef Edgardo Elías Casas
Estab. Hotel Albatros/Hotel del Glaciar-Ushuaia

Agneau austral

Ingrédients

Gigot d'agneau 1 /Olives noires 300 g. /Tomates 250 g. /Oignons 150 g. /Poireaux 150 g. / Carottes 200 g. /Oeufs 4 /Riz 500 g. /Romarin en herbe 30 g. /Sauce soja 150 cc. /Porto 150 cc. /Sauce demi-glace 200 cc. /Beurre 250 g.

Préparation

Commencez par désosser le gigot, salez et poivrez à votre goût. Enveloppez-le dans un morceau d'aluminium ménager beurré et faites cuire au four fort pendant 45 minutes. Pendant ce temps, préparez la sauce. Dans une marmite moyenne, mettez la sauce demi-glace avec l'eau et portez à ébullition. Dans une autre casserole, faites fondre le beurre; faites-y revenir l'oignon coupé en petits dés; il doit être bien doré, mais pas bruni. Ajoutez la demi-glace, les olives dénoyautées et coupées en fines lanières et les tomates épluchées, épepinées et coupées en petits dés. Arrosez avec le porto, salez et poivrez. Laissez réduire.

Préparation de la garniture

Faites cuire à l'eau bouillante le poivron et les carottes, coupez celles-ci en petits dés. Faites cuire aussi le riz. Dans une marmite moyenne, faites revenir au beurre le poireau coupé en petits dés. Ajoutez les carottes et les oeufs et nappez avec la sauce soja; faites cuire sans que les oeufs durcissent trop. Retirez du feu. Beurrez des moules en aluminium (timbales), versez-y le riz mélangé à cette
 préparation. Disposez-les sur un plat; réservez. Retirez le gigot du four, enlevez l'aluminium; coupez la viande en tranches, disposez-les sur l'assiette. Placez la timbale au centre de l'assiette et nappez le tout avec la sauce.

Fueguine Lamb

Ingredients

Lamb leg 1 /Black olives 300 grs. /Tomato 250 grs. /Onion 150 grs. /Leek 150 grs. /Carrot 200 grs. /Eggs 4 /Salt and Pepper

Preparation

Beging by preparing the lamb leg, removing the bones and relish to taste with salt and pepper. Cut a piece of aluminium paper, butter it, and put the leg on, roll as best as possible and cook during 45 minutes to strong flame in the oven. While it bakes, prepare the sauce: put water and the demiglase in a median pot, letting boil. In other pan, make the butter melt, add the finelly cut onion (brunoise), fry lightly without burning and then add the demiglase, the finelly minced olives, tomatoes without skin and seeds, add the port, relish with salt and pepper. Let reduce.

Garniture:

Cut the leek in brunoise, and the carrot, this ones previously cooked in boiling water until their wright point. Cook the rice. Apart, in a median por, fry lightly the leek in butter, add the cooked sweet red pepper, the carrots, the eggs and the soy bean sauce (eggs should not be much cooked). Remove from the flame and then prepare some aluminium molds, paint them with butter and fill them with the ready rice. Place on a dish and reserve, then remove the lamb, take off the aluminium paper, cut in slices, put the rice on the center of the plate and cover with sauce. Serve.

Rabas a la crema de whisky

Ingredientes

Cebolla (corte pernua) 1
Manteca 100 grs.
Crema de leche 250 cc.
Pizca de caldo de carne
Queso rallado 1 crda. sopera
Whisky 1 medida
Rabas (vaina entera) 1 ó 2
Salpimienta a gusto

Arroz 500 grs.
Romero en hierba 30 grs.
Salsa soja 150 cc.
Oporto 150 cc.
Demiglase en caldo 200 cc.
Manteca 250 grs.
Pizca de hicarbonato

Preparación

Cocinar en una sartén la cebolla, previamente derretir la manteca y rehogar hasta que la cebolla casi desaparezca. Agregar aquí el caldo de carne, añadir la crema de leche. En su punto de ebullición, agregar el queso rallado y posteriormente el whisky. Cocinar durante unos 15 minutos a fuego lento, pero siempre a una temperatura ideal que permita mantener la ebullición.
Por otro lado cocinar las rabas (vaina entera) con un poco de bicarbonato, hojas de laurel, algo de sal, durante 35 minutos para lograr tiernizarlas; retirarlas y cortarlas en anillos. Luego colocarlas en un plato y agregarles en forma de lluvia la preparación.

Establecimiento Alakush
Chef José Satorre
Ushuaia

Recetas de Alta Cocina

Rabas au whisky

Ingrédients

Rabas
Oignon 1
Beurre 100 g.
Crème fraîche 250 g.
Filet de bouillon de viande 1
Fromage râpé 1 cuillerée à soupe
Mesure de whisky 1
Sel, poivre

Riz 500 grs.
Romero en hierba 30 grs.
Sauce soja 150 cc.
Oporto 150 cc.
Demi-glase dans bouillon 200 cc.
Beurre 250 grs.
Miette dans bicarbonato

Préparation

Faites fondre le beurre dans une poêle, faites-y revenir l'oignon. Lorsque celui-ci est transparent, mouillez avec le bouillon de légumes et ajoutez la crème fraîche. Saupoudrez de fromage râpé et puis arrosez avec le whisky. Laissez mijoter pendant environ 15 minutes. D'autre part, faites cuire les rabas avec un peu de bicarbonate, sel et quelques feuilles de laurier, pour les attendrir. Retirez et coupez-le s en anneaux. Disposez-les sur une asiette et nappez avec la sauce.

*Rabas to the cream of whisky.

Ingredients

Onion (cut) 1
Butter 100 grs.
Milk cream 250 cc.
Pinch of meat broth
Rasped cheese 1 spoonful tureen
Measure of whisky 1
Rabas 1 kg. (rings of squid)

Rice 500 grs.
Rosemary in weed 30 grs.
Soybean sauce 150 cc.
Oporto wine 150 cc.
Demi-glase in broth 200 cc.
Butter 250 grs.
Salt and pepper (to taste)

*ring of squid

Preparation

Cook the onion in a pot, previously it make the butter melt and fry lightly until the onion almost disappears. Add the meat broth, the milk cream, in its boiling point, add the rasped cheese and then the whisky. Cook during some 15 minutes to slow flame, but always a ideal temperature that permits to keep boiling point.
On the other hand cook the squids (entire) with a small of bicarbonate, bay leaves, something of salt, during 35 minutes to soft them, remove from flame and cut them in rings, then put on a plate and add the preparation in form of rain.

Trucha rellena con centolla

Ingredientes

Una trucha de 300 g.
Centolla 40 grs.
Puerro picado 20 grs.
Pizca de crema de leche
Azafrán
Gotas de coñac
Crema de leche 125 cc.
Primavera de verduras al vapor (guarnición)
Espárragos al vapor (100 g)
Sal y pimienta a gusto

Salsa

Colocar en una sartén 125 g. de crema de leche, 1/4 de caldo de carne, azafrán y unas gotas de coñac. Cocinar a fuego lento durante 7 minutos. Aparte, tomar el filet de trucha y abrirlo a la mitad, salpimentar agregar la centolla, el puerro y el chorrito de crema de leche. Cerrarla, colocarla en una fuente.
Con un poco de agua y un poquito de vino blanco, cocinar al vapor 7 ú 8 minutos. Retirarla del fuego. Llevarla a una fuente, agregar la guarnición de los vegetales y por último bañar con la salsa... Servir.

Establecimiento Alakush
Chef José Satorres
Ushuaia

Truite farcie à l'araignée de mer

Ingrédients

Truite de 300 g. 1
Araignée de mer 40 g.
Poireau haché 20 g.
Crème fraîche 125 g.
Vin blanc
Cognac
Safran
Sel, poivre

Préparation

Mettez dans une poêle la crème fraîche, le bouillon, une pointe de safran et quelques gouttes de cognac. Faites cuire à feu doux pendant 7 minutes. D'autre part, ouvrez la truite, salez et poivrez. Introduisez l'araignée de mer, le poireau haché et un filet de crème. Fermez la truite et posez-la sur un plat, avec un peu d'eau et un filet de vin blanc. Faites cuire au vapeur pendant 7 ou 8 minutes. Retirez du feu et nappez avec la sauce. Servez avec une macédoine de légumes au asperges vapeur.

Trout filled with spider crab

Ingredients

A trout of 300 grs.
Spider crab 40 grs.
Minced leek 20 grs.
Brandy drops
Milk cream 125 grs.
Spring of vegetables. To the steam. (Accompaniment)
Asparagus to the steam 100 grs.
Saffron
Pepper and salt

Sauce

Put on a frying pan, 125 g. of milk cream, 1 of meat broth, saffron, and some brandy drops, cook to slow flame during 7 minutes.
Apart, take the filet of trout and open it to half; season, add the spider crab, the leek and the small gush of milk cream; close it, put it on a dish. With a little of water and white wine, cook to the steam 7/8 minutes, remove, put on a dish, add the accompaniment of vegetables and finally bathe with the sauce... Serve.

Lasagna negra *Les eclaireurs*
en salsa de langostinos

Ingredientes para el relleno

Centolla 600.gr.
Hongos secos 150 Gr. (remojados)
Ciboulette 100 gr.
Puerro 200 gr.
Champiñones 150 gr.
Cebolla 150 gr.
Manteca 200 gr.
Sal y Pimienta (a gusto)

Ingredientes para la masa

Harina 500 gr.
Huevos 3
Tinta de calamar 2 dosis.
Agua cantidad necesaria
Sal y pimienta (a gusto)

Ingredientes para la salsa

Langostinos enteros 500 gr.
Ajo 100 gr.
Aceite de oliva 4 cucharadas
Crema de leche 600 c.c.
Vino blanco 300 c.c.
Papikra 50 gr.
Sal y pimienta (a gusto).

Recetas de Alta Cocina

Preparación del relleno

Lavar bien las verduras y cortarlas en brunoise, luego tomar una sartén profunda, incorporar la manteca y calentar a fuego medio, agregar la cebolla, el puerro , el ciboulette, los hongos y rehogar. Dejar pasar unos minutos e incorporar los champiñones. Dejar rehogando unos minutos mas. Pasado este tiempo añadir la centolla desmenuzada, condimentar y cocinar 10 minutos mas. Reservar. Hacer una salsa blanca bien espesa y agregársela a la preparación.

Preparación de la masa

En un procesador colocar los huevos y la tinta de calamar, integrar bien. Luego agregar el liquido obtenido a la harina. Comenzar a amasar y mientras tanto ir condimentando. Una vez obtenida una masa consistente dejar reposar una media hora en un lugar fresco.
Posteriormente estirar la masa hasta lograr una capa bien delgada, e ir cocinándola en una olla con abundante agua hirviendo, sal y un chorrito de aceite, durante un tiempo de 3 a 5 minutos cada una, evitando así que se dañen. Dejar enfriar.

Preparación de la salsa

Colocar en una sartén un chorrito de aceite de oliva, rehogar los ajos a fuego moderado, incorporar los langostinos limpios rehogándolos unos cinco minutos, agregar el vino y cocinar hasta que reduzca, añadir la crema de leche y por último la papikra, condimentar con sal y pimienta a gusto.
En una fuente de horno enmantecada, colocar la primer capa de masa e ir alternando con el relleno hasta cubrir tres capas, cubrir con salsa blanca y queso parmesano. Cocinar en horno durante 8 minutos. Retirar agregando por sobre esta la salsa de langostinos caliente y servir.

Chef. Edgardo Casas
Hotel Los Ñires
Ushuaia

Lasagne Noire "Les Eclaireurs" en sauce de crevette rouge

Ingrédients
Araignée de mer 60 gr.
Champignons secs 150 gr. (trempés).
Ciboulette 100 grs.
Poireaux 200 grs.
Champignons 150 grs.
Oignons 150 grs.
Sel et poivre.

Ingrédients de la pâte
Farine 500 grs.
Oeufs 3
Encre de calmar 2 mesures
De l'eau.
Sel et poivre.

Ingrédients de la sauce
Crevette rouge 500 grs.
Ail 100 grs.
Huile d'olive 4 cuillerées.
Crème fraîche 600 grs.
Vin blanc 300 cc.
Papikra 50 grs.
Set et poivre.

Préparation
Lavez bien les légumes et coupes les en brunoise.
Dans une poêle mettez le beurre et faites le rissoler à feu doux, ajoutez l'oignons, les poireaux, la ciboulette, les champignons secs. Après quelques minutes introduisez les champignons.
Puis l'araignée de mer coupée en petits dés, les épices. Faites cuire pendant dix minutes.
Faites la sauce "bechamel" et ajoutez la à la préparation.

Préparation de la pâte.
Mettre les oeufs et l'encre de calmar dans un bols et tournez fort. Ajoutez ce liquide obtenee à la farine.
Pétrissez et ajoutez les épices.
Laissez la pâte en repos une demie heure.
Etendez la pâte tres mince, et faites la cuire dans une casserole avec beau coups d' eau bouillante, du sel et un peu d' huile pendant 3 ou 5 minutes. Chacune. Faites-la refroidir.

Sauce
Dans une poêle un peu d' huile d' olive, rissoler les ails feu doux, ajoutez les crevettes rouges et faites-les cuire pendant 5 minutes.
Ajoutez le vin (faites-le réduire), la crème fraîche, la papikra et les épices à goût.
Dans un plat beurré, mettez la première couche de pâte farcie avec la préparation, puis une deuxième et la troisième. Couvrez avec de la sauce bechamel et du fromage râpe.
Faites cuire au four pendant 8 minutes. Sorter du four et ajoutez la sauce de crevettes rouges bien chaude.

Black Lasagna «Les Eclaireurs» in prawn sauce.

Stuffing
Spider craw 600 gr.
Dry mushrooms 150 gr. (soaked)
Ciboulette 100 grs.
Leek 200 gr.
Champignons 150 gr.
Onion 150 gr.
Butter 200 gr.
Salt and pepper (your measure)

Dough
Flour 500 gr.
3 eggs
Squid ink 2 doses
Water (only necessary)
Salt and pepper (your measure)

Sauce
Entire prawns 500 gr.
Garlic 100 gr.
Olive oil 4 spoons
Milck cream 600 c.c.
White wine 300 c.c.
Paprika 50 gr.
Salt and pepper (your measure)

Preparation
Stuffing
Whash the vegetables and cut in brunoise, take a deep friying-pan, put the butter and warm at middle fire, add the onion, the leek, the ciboulette, the dry mushrooms and sauté. Minutes later, add the champignons and sauté them a few more minutes, add the spider crab chopped into small pieces, spice and cook 10 more minutes. Keep in reserve.
Make a dense white sauce and add it to the preparation.

Dough
In a food processor, put the eggs and the squid ink. Then add the liquid to the flour and start to mix while you spice it. When you get a substantial dough, leave a half hour in a dry place.
Then stretch the dough to get a thin coat and cook it on a pan with boiling water. Add salt and a little of oil, for about 3 to 5 minutes each one. Leave it till it gets cold.

Sauce
Put in a pan a little of olive oil, sauté the garlic at middle fire, add the clean spider crabs and sauté for about 5 minutes. Add the wine and cook until it's reduced. Add the milck cream and the paprika. Spice with salt and pepper at your measure.
In a buttered oven serving-dish, put first the coat of dough and other with the stuffing, until you have 3 coats. Cover it with the white sauce and parmesan cheese and cook in oven for about 8 minutes. Take away from the oven and add over the warm squid sauce, and serve it.

Chef Edgardo Casas
Los Ñires Hotel - Usuahia - Tierra del fuego

Trucha de la región rellena con salsa Costamarfil
Acompañada de milhojas de verduras

Ingredientes 6 personas

Seis truchas de 300 grs. c/u
Crema de leche 1/2 lt.
Camarones 150 grs.
Mejillones 150 grs.
Centolla 150 grs.
Puerro 200 grs.
Pimentón o paprica (cantidad necesaria)
Manteca 250 grs.
Vino blanco 150 grs.
Sal y pimienta a gusto

Ingredientes guarnición

Berenjenas 150 grs.
Zuchinis 150 grs.
Calabaza 150 grs.
Zapallos verdes 150 grs.
Queso rallado 150 grs.
Papas 150 grs.
Crema de leche 1 lt.
Sal y pimienta a gusto

Preparación

Limpiar la trucha de espinas y escamas; reservar. Luego cortar el puerro en brunoise y rehogar en manteca con la centolla picada fina. Minutos después retirar del fuego y condimentar con sal y pimienta a gusto.
Con esta preparación se procede a rellenar la trucha, una vez rellena cerrarla en forma de libro. Enmantecar una fuente, agregar el vino blanco en la misma fuente y llevar al horno a fuego moderado durante 20 minutos.

Salsa:

Rehogar el puerro en manteca (en juliana) y luego en la misma cacerola agregar los mariscos y cocinarlos hasta que pierdan el jugo. Añadir el vino blanco, dejar reducir. Agregar la crema de leche calentar y espolvorear con pimentón o paprica. Dejar espesar o bien ligar con un poco de maizena, condimentar y reservar.

Guarnición:

Las verduras serán remojadas en agua fría y cortadas a cuchillo, en rodajas muy finas. Teniendo listas las verduras, comenzar a preparar la ligazón con los huevos, el queso rallado, la crema de leche sal y pimienta. Batir los ingredientes para lograr un líquido uniforme. Enmantecar una budinera y poner por capas la verdura.
Por cada base de verduras, hacer otra del preparado para ligar de esta manera cinco capas de verduras a igual numero del preparado. Luego hornear durante 15 minutos a fuego moderado. Teniendo ya todo listo y cocinado, se procederá a armar el plato. Sacar la trucha con una espátula larga y plana tratando de que no se rompa, quitarle la piel que recubre la parte superior, montarla sobre el plato y en un costado agregar la milhojas de verdura, salsearla finalmente con el preparado por encima del pescado. Servir.

Establecimientos Hotel Albatros/Hotel del Glaciar
Chef Edgardo Elías Casas

Recetas de Alta Cocina

Truite farcie Côte d'Ivoire

Ingrédients (pour 6 personnes)

Truites de 300 g pièce /Crème fraîche 1/2 l. /Crevettes 150 g. /Moules 150 g. / Araignée de mer 150 g. /Poireaux 200 g. /Beurre 250 g. /Vin blanc 150 cc. /Poivron rouge en poudre ou paprika /Sel, poivre

Pour la garniture

Aubergines 150 g. /Courgettes 150 g. /Courges 150 g. /Zucchini 150 g. /Pommes de terre 150 g. /Fromage râpé 150 g. /Crème fraîche 1 l. /Sel; poivre

Préparation

Lavez les truites, écaillez-les, videz-les en enlevant les arêtes; reservez. Coupez le poireau en petits dés et faites-le rissoler au beurre chaude, avec l'araignée de mer finement hachée, pendant quelques minutes. Retirez du feu, salez et poivrez à votre goût. Emplissez les truites de cette préparation, fermez-les. Disposez-les sur un plat beurré, nappez avec le vin blanc et faites cuire au four moyen pendant 20 minutes.

Préparation de la sauce

Coupez le poireau en julienne, faites-le revenir au beurre chaud dans une casserole. Ajoutez les crevettes et les moules et faites cuire jusqu'à ce qu'elles laissent échapper leur jus. Arrosez avec le vin blanc, laissez réduire. Incorporez la crème fraîche, saupoudrez avec le poivron rouge en poudre ou la paprika. Laissez épaissir ou liez avec un peu de maïzena. Assaisonnez et servez.

Préparation de la garniture

Lavez et épluchez les légumes, faites-les cuire à l'eau, coupez-les en tranches très fines. Faites une liaison avec les oeufs, le fromage râpé, la crème fraîche, sel et poivre. Battez les ingrédients pour obtenir un mélange homogène. Beurrez un moule et versez-y une couche de chaque légume, séparées par des couches du mélange; vous aurez donc cinq couches de légumes et cinq de mélange. Faites cuire au four moyen pendant 15 minutes.

Pour servir, retirez la truite avec une spatule longue et plate pour nepas briser le poisson. Retirez la peau qui se trouve sur le dessus et disposez la truite sur l'assiette; placez la garniture à côté. Nappez le tout avec la sauce.

Trout of the region filled with Costamarfil sauce
Accompanied of millefeuille of vegetables

Ingredients 6 persons

Trouts of 300 grs. 6 /Milk cream 1/2 l. /Shrimps 150 grs. /Mussels 150 grs. /Spider crab 150 grs./Leek 200 grs. /Paprika (necessary quantity) /Butter 250 grs. /White wine 150 cc.

Ingredients for the accompaniment

Eggplants 150 grs. /Zucchinis 150 grs. /Gourd 150 grs. /Green gourd 150 grs. /Rasped cheese 150 grs. /Potatoes 150 grs. /Milk cream 1 litter

Preparation

Clean the trout, remove thorns and scales; reserve. Then cut the leek in brunoise and fry lightly in butter with the finely minced spider crab some minutes after remove from the flame and relish with salt and pepper to taste. With this preparation proceed to fill the trout, once filled, close it in the form of book.
Butter a dish, add the white wine in the same dish, take to the oven to moderated flame during 20 minutes.

Sauce

Fry lightly the leek in butter, previously cut it in little pieces and then in the same pan go adding the seafood, cook them until it loses the juice, add the white wine, let it reduce add the milk cream heat and powder with spanish paprika or paprika, let it thick with a small of maizena, relish and reserve.

Accompaniment

Vegetables in cold water, cut to knife, in very fine slices. Begin to prepare the paste with the eggs, the rasped cheese, the milk cream salt and pepper, beat the ingredients to get an uniform liquid, butter a pudding pan and put the vegetable by Iayers. For each base of vegetables, make other of the prepared to bind in this way five times or layers of vegetables to equal number of the preparation.
Then bake during 15 minutes in moderate oven. Having all ready and cooked, proceed to arm the plate. Remove the trout with long spatula, trying it doesn't break, remove the skin that covers the upper part, mount it on the plate, on one side, put the millefeuille of vegetables, covered with the sauce on the fish. Serve.

Trucha rellena

Ingredientes

Crema de leche 250 cc.
Trucha ahumada 100 grs.
Truchas de Z50 grs. c/u 4
Centolla 200 grs.
Chalote de cebolla de verdeo 100 grs.
Manteca 80 grs.

Vino blanco seco 1/4 lt.
Un rollo de papel de aluminio
Sal y pimienta a gusto

Recetas de Alta Cocina

Preparación

Limpiar las truchas con un cuchillo muy afilado y con mucho cuidado, tratar de sacar todas las espinas. Recuerde que está elaborando una comida de alta gastronomía, así mismo tratar de retirar con una pinza pequeña todas las espinas que pudieran quedar.
En una cacerola poner manteca a derretir, añadir el chalote, sofreír por un instante y agregar la centolla, sal, pimienta y 150 cc. de vino blanco, mezclar y cocinar a fuego lento por 20 minutos con la tapa colocada, revolviendo permanentemente.
Cortar cuatro tiras de papel de aluminio de 80 cm. cada una y enmantecar 30 cm., luego disponer la trucha sobre la parte enmantecada, salpimentar y rellenar uno de los lomos de la trucha. Tapar con otro lomo y tratar de hacer un paquete estilo papillote. Sellar bien los bordes disponiendo sólo de una parte para agregar un chorrito de vino, luego sellar y poner al horno a una temperatura alta durante 12 minutos.
Tomar la trucha ahumada y picar finamente, agregar la crema, mezclar (en lo posible con una procesadora), posteriormente llevar a cocción a baja temperatura, en horno.
Una vez que se retira la trucha del horno romper el papel de aluminio, y con mucho cuidado retirar la piel de ta trucha de la parte superior,la otra quedará pegada al papel, luego con una espátula larga colocar la trucha sobre un plato, agregando la salsa y una guarnición simple de verduras torneadas o un stud de zanahorias.
Servir.

Establecimiento Brocolino
Chef Héctor Rojas Galvez

Truite farcie

Ingrédients

Truites (250 g pièce) 4
Truite fumée 100 g.
Araignée de mer 200 g.
Crème fraîche 250 g.
Beurre 80 g.
Jeunes oignons 100 g.
Vin blanc sec 250 cc.
Sel, poivre
Aluminium ménager

Préparation

Avec un couteau bien aiguisé, videz très soigneusement les truites en essayant d'enlever toutes les arêtes, puis, à l'aide d'une petite pince, enlevez les arêtes qui auraient pu y rester. Mettez de l'huile à chauffer dans une casserole, faites-y revenir pendant un instant le jeune oignon; ajoutez l'araignée de mer, salez, poivrez. Arroséz avec 150 cc de vin blanc, mélangez et faites cuire à petit feu pendant 20 minutes en remuant sans arrêt. Découpez quatre lanières d'aluminium ménager, de 80 cm chacune, en beurrez 30 cm; disposez chaque truite sur la partie beurrée, salez, poivrez, jetez-y un filet de vin. Enveloppez chaque truite cans l'alumimum ménager, en faisant un tortillon à chaque extrémité. Faites cuire au four chaud pendant 12 minutes. Prenez la truite fumée, hachez-la finement; ajutez la crème, mélangez (au mixeur si possible). Faites cuire   au four doux.
Lorsque vous retirez la truite du four, brisez l'aluminium ménager et re tirez la peau qui se trouve sur le dessus du poisson. Puis, avec une longue spatule, posez la truite sur l'assiette et nappez avec la sauce. Servez avec une garniture de légumes ou de carottes.

Stuffed trout

Ingredients

Milk cream 250 grs.
Smoked trout 100 grs.
Trouts 4 (250 grs. Each)
Spider crab 200 grs.
Shallot of
spring onion 100 grs.
Butter 80 grs.
Dry white wine 1/4 lt.
Aluminium paper (one roll)
Salt and pepper to taste

Preparation

Clean the trouts carefully with a very sharpened knife, try to remove all the thorns, remember that you are elaborating a high gastronomy food, also try to remove with a small tweezer, all the the thorns that could remain. Put butter to melt in a pan. Add the shallot, fry by an instant and then add the spider crab, salt, peppep and 150 cc. of white wine, mix and cook to slow flame by twenty minutes with the lid on, mixing continuously.
Cut four strip so aluminium paper of 80 cm. Each. Butter just 30 cm, an then pour the trout on the buttered part, season and fill one of the loins of the trout, cover with other loin and try to make a papillote package, seal the edges well, leaving only a part to add a small gush of wine, them seal and take to the oven at a high temperature during 12 minutes.
Take the smoked trout and mince it finelly, add the cream, mix, if possible with a processor, then put to cook at low temperature in the oven, break the aluminium paper and remove carefully the skin from the trout (just the upper part, the other remains sticked to the paper).
Then place the trout on a dish, adding the sauce and as acconpanimens turned vegetables or a stud of carrots. Serve.

Trucha rellena con manteca y almendras

Ingredientes

Truchas de 200 grs. 4
Manteca 150 grs.
Almendras (relleno) 100 grs.
Estragón 1 crda.
Orégano 1 crda.
Crema de leche 150 grs.
Almendras (salsa) 100 grs.
Vino blanco 1 vaso
Sal y pimienta a gusto

Preparación

Deshuesar la trucha sin quitar la piel. Luego en un bols verter la manteca blanda, agregarle las almendras, el estragón, el orégano y salpimentar a gusto. Con esta mezcla rellenar la trucha, cortar aparte un rectángulo de papel de aluminio envolver el pescado y cocinar en horno durante 20 ó 25 minutos.

Salsa

En una sartén a fuego lento derretir un trocito de manteca, luego añadir la crema de leche, las almendras y el vino blanco, salpimentar a gusto, cocinar durante unos minutos.
Al servir, quitar la piel de la parte superior de la trucha, luego cubrir con la salsa, se puede acompañar con verduras al vapor o papas noisettes.

Establecimiento Hotel «Las Lengas»
Chef Oscar Valentín Vidaurre

Truite farcie aux amandes

Ingrédients

Truites (200 g. piece) 4
Beurre 150 g.
Crème fraîche 150 g.
Amandes 200 .
Vin blanc 1 verre
Estragon 1 cuillerée
Origan 1 cuillerée
Sel, poivre

Préparation

Désosser la truite sans lui enlever la peau. Versez le beurre ramolli dans un bol, ajoutez la moitié des amandes, saupoudrez avec l'estragon et l'origan. Salez et poivrez à votre goût. Emplissez la truite de cette préparation, enveloppez-la dans un rectangle d'aluminium ménager et faites-la cuire au four de 20 a 25 minutes.

Préparation de la sauce

Dans une poêle, faites fondre à feu doux une noix de beurre. Versez la crème fraîche et le reste des amandes; arrosez avec le vin, salez et poivrez à votre goût. Faites cuire quelques minutes.

Pour servir, retirez la peau quei se trouve sur le dessus du poisson et nappez-le de sauce. Accompagnez de légumes vapeur ou de pommes de terre noisette.

Stuffed trout with butter and almonds

Ingredients

Trouts of 200 grs. 4
Butter 150 grs.
Almonds 200 grs.
Tarragon 1 spoonful
Oregano 1 spoonful
Milk cream 150 grs.
White wine 1 glass
Salt And pepper to taste.

Preparation

Remove the bones from the trout but not the skin, then in a bowls pour the soft butter, add the almonds, the tarragon, the oregano and season to taste; with this mixture fill the trout, cut a part a rectangle of aluminum paper to wrap the fish and cook in oven of 20 to 25 minutes.

Sauce

In a frying pan to slow flame, melt a small piece of butter, then add the milk cream, the almonds and the white wine, season to taste, cook some minutes. When serving, remove the skin from the upper part from the trout, then cover with the sauce, it can be accompanied with vegetables to the steam or potatoes noisettes.

Centolla fueguina

Ingredientes

Cebollas medianas 4
Centolla 1 kg.
Crema de leche 250 cc.
Ketchup 1 crdita.
Arroz 200 grs.
Manteca 50 grs.
Sal y pimienta a gusto

Preparación

Colocar la manteca en una cacerola, agregar la cebolla picada y rehogar. Añadir la centolla y cocinar un minuto. Posteriormente agregar la crema cocinando dos minutos más. Antes de retirar del fuego incorporarle el ketchup, mezclando hasta conseguir una salsa rosada.
En un recipiente aparte, hervir arroz (cantidad necesaria).
Una vez que el arroz esté a punto, colocar en un plato en forma de corona y agregar la salsa con la centolla en su interior. Servir...

Establecimiento Moustacchio
Chef Alberto Soria

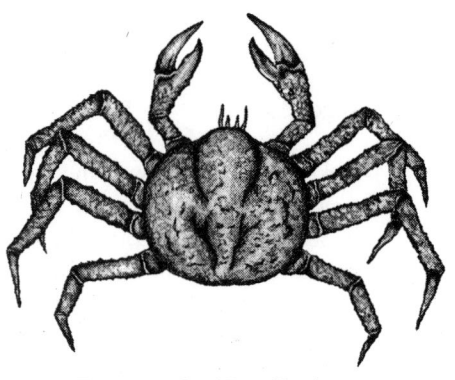

Recetas de Alta Cocina

Araignée de mer fuégienne

Ingrédients

Araignée de mer 1 kg.
Oignons moyens 4
Riz 200 g.
Crème fraîche 250 g.
Beurre 50 g.
Ketchup 1 cuillerée

Préparation

Faites chauffer le beurre dans une casserole, faites-y revenir l'oignon haché. Ajoutez l'araignée de mer et faites cuire pendant une minute. Versez alors la crème et prolongez la cuisson pendant encore deux minutes. Avant de retirer du feu, incorporez le ketchup en mélaugeant, jusqu'à obtention d'une sauce rose. Dans un autre récipient faites cuire le riz. Lorsque celui-ci est a point, disposez-le en couronne sur le plat de service et mettez au centre l'araignée de mer.

Fueguin spider crab

Ingredients

Spider crab 1 kg.
Median onions 4
Milk cream 250 grs.
Ketchup 1 spoonful
Rice 200 grs.
Butter 50 grs.

Preparation

Put the butter on a pan, add the minced onion fry lightly, add the spider crab and cook a minute, therein after add the cream, cooking two minutes more. Before removing from the flame incorporate the ketchup, mixing until getting a pink sauce. In a pot apart, boil rice (necessary quantity).
Once rice is just wright, put on a plate in the form of crown and add the sauce with the spider crab in its interior. Serve.

Merluza negra a la «Tía Elvira»

Ingredientes

Filet de merluza negra 6
Mejillones- champiñones 150 grs.
Gambas de centolla a gusto
Manteca 100 grs.
Cebolla grande 1
Leche entera 1 lt.
Agua 1 lt
Caldo de gallina 1
Mostaza 5 crdas.
Maizena 1 taza
Perejil picado 1 rama
Nuez moscada a gusto
Sal y pimienta a gusto

Preparación

Derretir en una sartén grande la manteca, agregar la cebolla bien picada y rehogar unos minutos. Agregar un litro de leche y el agua, añadir el caldo de gallina, colocar la taza de maizena previamente disuelta en agua fría, la mostaza, el perejil picado y sazonar a gusto con sal, pimienta y nuez moscada.
Por otro lado sazonar a gusto los filet y ubicarlos en una fuente para horno, agregar las gambas de centolla, los mejillones y los champiñones. Tapar con la salsa realizada, rociar con queso de rallar y llevar al horno a fuego fuerte cocinando durante 25 minutos.
Servir.

Establecimiento Tía Elvira
Chef Oscar Sigel

Merlu noir à la "Tia Elvira"

Ingrédients

Filets de merlu 6
Moules 150
Pattes d'araignée de mer
(quantité à votre goût)
Champignons 150 g.
Oignon 1 gros
Lait 1 l.
Beurre 100 g.
Eau 1 l.
Tasse de maïzena
délayée à l'eau froide 1
Bouillon de poule 1 tablette
Moutarde 5 cuillerées
Fromage râpé
Persil haché
Sel
Poivre
Noix muscade

Préparation

Faites chauffer le beurre dans une poêle assez grande. Jetez-y l'oignon finement haché et faites-les revenir pendant quelques minutes. Ajoutez le lait et l'eau. Incorporez la tablette de bouillon, la maïzena, la moutarde et le persil. Assaisonnez avec sel, poivre et noix muscade. D'autre part, placez les filets de merlu sur un plat à four, salez et poivrez à votre goût. Ajoutez les pattes d'araignée de mer, les moules et les champignnns. Nappez avec la sauce et saupoudrez de fromage râpé. Faites cuire au four vif pendant 25 minutes. Servez.

Black hake to "Tia Elvira"

Ingredients

Filet of black hake 6
Mussels, champiñones 150 grs.
Butter 100 grs.
Big onion 1
Whole milk 1 liter
Water 1 liter
Nutmeg
Shrimps of spider crab to taste.
Hen broth 1
Mustard 5 spoonfuls
Maizena 1 cup
Minced parsley 1 branch

Preparation

Melt butter in a large pan, add the well minced onion and fry lightly some minutes, add a liter of milk and the water, add the hen broth, put the cup of maizena previously dissolved in cold water, the mustard, the minced parsley and season to taste with pepper salt and nutmeg, on the other hand season the filets and put them in a dish for oven, add the shrimps of spider crub, the mussels and the champiñones, cover with the sauce, spray with rasping cheese, taking to the oven to strong flame, c ooking during 25 minutes. Serve.

Estrudel de la «Tía Elvira»

Ingredientes

Manzanas verdes 4 kg.
Harina 0000 800 grs.
Pasas sultanina 50 grs.
Nueces 150 grs.
Manteca 250 grs.
Canela molida 10 grs.
Azúcar 600 grs.
Huevos de gallina 2
Vinagre 3 crditas.
Chocolate amargo 1/2 tableta
Agua tibia 2 tazas

Recetas de Alta Cocina

Preparación

Colocar sobre una mesa la harina en corona, agregar 1 huevo, 3 cucharadas de manteca derretida, el vinagre y el agua tibia, mezclar y dejar reposar durante 20 ó 30 minutos.
Preparar luego dos amasijos para dos estrudel, golpear la masa (40 ó 50 golpes), dejar reposar en lugar cálido y tapar durante 1 hora. Enharinar una hoja de papel manteca y estirar la masa sobre el papel con las manos, tiene que verse a trasluz para gue esté a punto. Teniendo la masa ya extendida sobre el papel, cubrir con las manzanas cortadas en gajos pequeños pelados y sin semillas. Agregar las nueces, las pasas, la canela y el azúcar a gusto. Enrollar con el mismo papel de un extremo a otro, luego colocarlo en una fuente para harno. Pintar con yema, espolvorear con azúcar, rociar con manteca derretida y hornear durante 30 minutos.

Establecimiento Tía Elvira
Chef Oscar y Edith

Strudel "Tía Elvira"

Ingrédients

Pommes vertes 4 kg.
Beurre 250 g.
Raisins secs 50 g.
Noix 150 g.
Cannelle en poudre 10 g.
Sucre 600 g.
Oeufs 2
Vinaigre 3 cuillerées
Chocolat amer 1/2 tablette
Farine 0000 800 g.
Tasses d'eau tiède 2

Préparation

Mettez la farine sur une table, faites-y un creux pour y placer un oeuf, trois cuillerées de beurre fondu, le vinaigre et l'eau tiède. Mélangez et laissez reposer au chaud et à couvert pendant une heure. Farinez une feuille de papier sulfurisé, étalez par-dessus la pâte avec les mains jusqu'à ce qu'elle soit transparente. Couvrez avec les pommes épluchées et coupées en quartiers, ajoutez les noix, les raisins, la cannelle et le sucre. Roulez lu pâte dans le papier et disposez-la sur un plat à four. Badigeonnez d'oeuf battu, saupoudrez de sucre, nappez de beurre fondu et faites cuire au four pendant 30 minutes.

Strudel of "Tía Elvira"

Ingredients

Butter 250 grs.
Green apples 4 kg.
Sultanina pass 50 grs.
Nuts 150 grs.
Ground cinnamon 10 grs.
Sugar 600 grs.
Eggs 2
Vinegar 3 teaspoonfuls
Bitter chocolate 1/2 tablet
Flour 0000 800 grs.
Warm water 2 cups

Preparation

Put the flour in crown form on a table, add 1 egg 3 melted butter spoonfuls, the vinegar and the warm water to mix and let it rest for 20 to 30 minutes.
Prepare then two pastries for two strudels, beat the mixture 40-50 times, let it rest in warm place and covered, during 1 hour. Flour a sheet of butter paper and stretch the pastry on the paper with the hands, you must see it at reflected light (this is the point).
Having the pastry already extended on the paper, cover with the peeled apples cut in small bunches and without seeds add the nuts, passes, the cinnamon and the sugar to taste, roll with the same paper from an extreme to other, then put it on a dish for oven.
Paint with yolk, powder with sugar, spray with melted butter and baker in oven 30 minutes.

Delicias Regionales

Comidas que salvan vidas

Las he denominado así por ser poco comunes en otros lugares o bien porque, incluso en la misma región, hay personas que desconocen que sus vecinos las deben comer para poder subsistir.

En nuestro viaje por la Patagonia nos hemos encontradn con gentes que sin mayores detalles nos comentaron, nos mostraron y nos convidaron, algunas de sus carnes predilectas, debido a que su costo es encontrarlas solamente. "A veces es cuestión de días", me dijeron:

picana de avestruz:
se ubica en la parte inferior del lomo del ave en cuestión, es una pulpa muy sabrosa pero se debe dejar adobada un día antes, por lo menos para evitar su sabor salvaje, luego de este período se cocina como cualquier otra carne al horno o en estofado.

chulengo:
es el guanaco chico, joven y más tierno, se come de varias maneras, entre las más elegidas:

a) milanesas: se deja adobar un día antes con condimentos a elección, posteriormente se cortan las milanesas y se cocinan igual que la carne de vacuno, cabe mencionar que para esta comida se utilizan los cuartos

b) se utiliza el lomo del guanaco para hacerlo al horno, tomando siempre la precaución de dejarlo adobado.

c) en estofado con papas

piche:
llamada en otros lados mulita, peludo... Es de la misma familia. Una vez cazado se limpia y se hierve en abundante agua con sal. Posteriormente se prepara ajo y perejil bien picado; se troza el animalito, se le vuelca esta preparación con un poco de aceite y se la deja reposar durante 24 horas. Se come frío. Caso contrario se come al horno, bien condimentado.

Repas qui sauvent vies

Je les ai nommés comme ça parce qu'ils sont peu courants ailleurs: même dans la région il y a des gens qui ne savent pas que leurs voisins doivens les consommer pour subsister. En voyageant en Patagonie, j'ai rencontré des gens qui m'ont parlé de leurs viandes préferées et m'ont invité à les manger. Leur prix ne tient qu'à les trouver; parfois on doit attendre quelques jours.

Picana d'autruche. Se trouve au dessous du filet de l'oiseau. Il s'agit d'une viande très savoureuse, mais on doit la macérer pendant au moins un jour pour adoucir sa saveur très corsée. On la fait cuire au four ou à l'etuvée.
Chulengo. C'est le petit guanaco, jeune et plus tendre. On peut en préparer la viande de plusieurs façons:
Panée; en laissant macérer la viande la veille; puis, on la fait cuire comme la viande de veau. Pour ce repas on doit employer l'épaule et la cuisse de l'animal.
On fait cuire au four le filet préalablement macéré.
On peut aussi le cuire à l'étuvée, avec pommes de terre.
Piche. Appelé ailleurs mulita ou peludo. Une fois l'animal tué, on doit le laver et le vider.
Après, on le fait cuire à l'abondante eau bouillante salée. On coupe l'animal en morceaux, on le nappe d'une préparation à base d'ail et de persil hachés et trempés dans l'huile. On doit le laisser reposer pendant 24 heures; on le mange froid. On peut aussi bien l'assaisonner et le faire cuire au four.

Foods that save lifes

These foods are so called because they are not very usual in other places, even in the same region, there are persons that do not know that their neighbours eat them to survive. In our trip along the Patagonia we have found with people that, without further details, showed and invited us with their favourite meats, because that the only difficult to find it, is just to hunt it. "Sometimes its a matter of days" they told us.

1) Picana (ostrich breast) It is located in the lower part of the loin of this poultry. It is a very tasty flesh, but should be seasoned a day before at least, to avoid its wild flavour, after this period should be cooked as any other meat to the oven or stewed.
2)Chulengo: It is the young gump, and more tender. It is eaten frequently in "milanesas" marinated a day before with spices to taste, then cut the filets, and cook just as the bovine meat. Use the quarters.
The loin of the gump is used to make it to the oven, always taking the caution of seasoning before.
Stewed with potatoes
3)Piche: Called in other places "mulita or armadillo" it is of the same family, once hunted it has to be cleaned, and then boiled in abundant water with salt. Then prepare the minced garlic and parsley, then cut in preys the small animal, with this preparation with a little of oil and let it rest 24 hours. It should be eaten cold.
Otherwise it can be cooked to the oven very relished.

El mate

Prácticamente de todas las bebidas más conocidas de la argentina, la infusión del mate es una de las más populares y sin lugar a dudas en esta latitud de nuestro país no es la excepción. En la Patagonia el mate es muy tradicional; por ello no queremos pasar sin mencionar algunas de sus características. Hay diferentes tipos de Mate, y depende no sólo del agregado de algún producto, como puede ser leche, azúcar, café, o tostado de la yerba, sino también su variedad. Va cambiando según la zona, por ejemplo, el mate misionero, el mate pampeano, el mate norteño, etc. Podemos también diferenciar el mate cocido, o el té de mate, pero para desarrollar nuestro preferido nos vamos a ocupar solamente del que creemos el más popular de todos: el mate cebado. Éste se prepara generalmente en una calabacita, vaciada para este fin, (existen diversas formas de calabacitas); una vez seca, el primer paso es curarla; hay para este procedimiento infinitas maneras de hacer el tratamiento; comentaremos una de ellas que por el resultado ya comprobado (por nosotros), es muy buena. Una vez listo el calabacín agregar en su interior yerba usada con un chorrito de whisky y dejar reposar unos cinco días, luego lavar; dejar secar y volver a colocar yerba usada pero sola (húmeda) y dejar otros cinco días. Lavar y tomar mate... Para completar el mate cebado es fundamental contar con una bombilla, la misma puede ser de metal o fabricada de caña con orificios muy pequeños en unos de sus extremos, los que luego serán introducidos en el mate para lograr la infusión. El agua es también una parte fundamental, tiene que estar caliente pero no hervida, de lo contrario arruinará la yerba y el mate se lavará rápidamente, o sea que perderá el sabor principal. Para realizar toda la operación del cebado hemos enumerado algunos pasos de fundamental importancia. 1)Llenar el calabacín con yerba a elección hasta las tres cuartas partes del tamaño del mismo. 2)Tapar con una de las manos la abertura del calabacín y batir (mezclado de yerba) 3)Colocar un chorro del agua destinada para cebar sobre una de las mitades del mate para que la misma se hinche y en unos instantes esté lista para comenzar a cebar. 4)Si se trata de mate amargo, por lo tanto no se incluirá azúcar, en caso contrario agregar una cucharadita de azúcar, cada vez que se cebe un mate. 5)Introducir la bombilla, agregar un chorro de agua siempre sobre la mitad donde se encuentra la bombilla, descartar la primera infusión y comenzar a cebar.

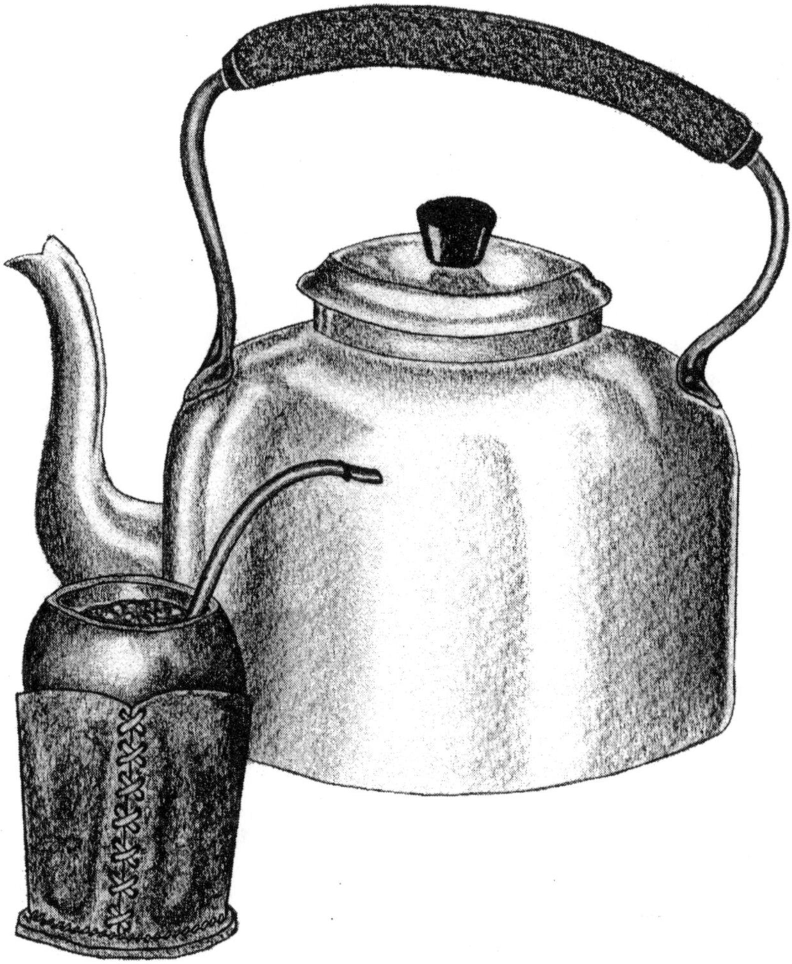

Le mate

L'infusion de mate est l'une des boissons argentins les plus populaires; cette latitude de notre pays n'est pas l'exception. Le mate est très traditionnel en Patagonia; c'est pour cela que nous ne voulons pas oublier de mentionner ses goûts et caractères les plus courants.

Il y a de différents types de mate. Ça ne dépend seulement d'y ajouter quelques produits-lait, sucre, café, sa variété changeselon la région. Par exemple, le mate de Misiones est différent au pampéen, à celui du nord... Il y en a aussi le mate cocido, ou le thé de mate, mais nous nous occuperons seulement de notre préferé, qui est aussi le plus populaire: le mate cebado. On le prépare géneralement dans une petite calabasse, évidée pour l'occasion. Une fois séchée, il faut la culotter. Il y a infinites façons de le faire; nous expliquerons l'une d'entre elles, qui nous a très bien réussi. Une fois la petite calabasse prête, mettez-y du mate usagé avec un filet de whisky, laissez reposer pendant cinq jours. Puis lavez, laissez sécher et mettez à nouveau du mate. Il faut le faire avec une pipette, qui peut être en métal outirée d'un roseau, et doit avoir de petits trous à l'un des extrèmes q'il faut introduire dans la calabasse. L'eau, dont l'importance est fondamentale, doit être chaude mais pas bouillante, sinon, on lavera le mate, qui perdra sa saveur. Pour préparer le mate, il faut suivre les pas suivants:

remplir la calabasse avec mate jusqu'à trois quatrièmes parties. Mettez une main à l'ouverture de la calabasse, et mélangez le mate; Ajoutez un filet d'eau chaude sur la moitié du mate, pour le faire enfler,

s'il s'agit e mate amer, n'ajoutez pas de sucre; sinon, mettez un cuillerée à café chaque fois que vous buvez; introduisez la pipette, ajoutez un filet d'eau sur la moitié où vous avez mis la pipette, jetez la première infusion et commencez à boire.

The "mate"

"Regional infusion of South America (Argentina, South Brazil, Uruguay & Chile)

The infusion of the "mate" is, between the most known Argentine drinks, practically the most popular, and "Tierra del Fuego" is not the exception, the "mate", here is very traditional. For this reason, we want to mention some of its principal characteristics.

There are different types of "mate", and ussually it depends not only on the adding of some other product, like milk, sugar, coffee or toasted of the herb, but also its variety changes according to the zone, for example the missionary mate, the pampean mate, the northern mate. We have also the "cooked mate" or the tea of mate.

But we are going to describe the most popular of all of them: "the mate cebado". This is prepared generally in a small gourd, emptied for this purpose. Once it dries, the first step is "to cure" it. For this purpose there are infinite ways of doing this procedure we will comment the one that, by the already proven results (by us) is really very good:

Once the gourd is ready, put in its inner part already used herb with a small gush of whisky and let it rest for some five days, then wash it , let it dry and put again the used herb (wet) and let it rest for another five days, then wash and the "mate" is ready to be prepared.

To complete the mate it is necessary count with a "bombilla" (to sorve the infusion) . The bombilla can be made of metal with very small orifices in its extreme. The bombilla should be place into the mate. Heat the water, but it must never be boiled, because if this is the case, the herb of the mate will quickly lose its principal flavour.

To accomplish all the operation, we have klisted some very important steps:

1) Fill the gourd with herb until the third fourth of its size

2) Cover with one of your hands the opening of the gourd and mix it.

3) Pour a gush of water on one of thes halves of the mate, so that it is swollen and in some instants begin to prepare the infusion (cebar r mate)

4) If bitter mate is prefered, there fore sugar will not be included, otherwise add a sugar teaspoonful each time.

5) Place the bombilla, add the hot water, always by the bombilla, discard the first infusion and begin to cebar mate

Pan casero

Receta especial para tiempos fríos

Ingredientes

Harina 3 1/2 kg.
Agua 1 1/2 lt.
Levadura 1/2 crda.
Sal 2 crdas.
Aceite 4 crdas.
Azúcar 4 crdas.

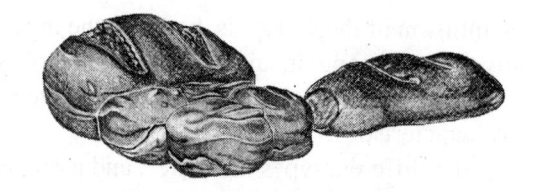

Preparación

Disolver la levadura en una cucharada de agua a los efectos de formar una pasta, luego se incorpora al resto del agua fría. Mezclar bien, añadir 1 1/2 kg. de harina y batir hasta formar una crema.
En caso de hacer mucho frío cubrir con paños y dejar reposar por lo menos durante 6 horas.
Pasado este tiempo, agregar a la mezcla la sal, el azúcar y el aceite revolver y seguir mezclando; añadir el resto de la harina (reservar 100 g. de harina para espolvorear). Seguir mezclando hasta formar una masa blanda. Colocar la masa sobre una tabla bien espolvoreada con harina, amasar durante 10 minutos hasta que quede bien elástica.
Posteriormente se coloca la masa en un fuentón aceitado y tapado, se deja leudar, este procedimiento llevará aproximadamente dos horas; pasado este tiempo volver a amasar, dar vuelta la masa y dejar leudar un poco más, pasada 1/2 hora repetir el proceso. A esta altura se toma la masa y se coloca nuevamente sobre la tabla enharinada, se amasa otro poco y se comienza a dar forma a los panes, estos se disponen en moldes aceitados para luego hornearlos (entre 15 y 20 minutos).
Retirar del horno cuando el pan esté doradito.

Pain maison
(recette spéciale pour le temps froid)

Ingrédients

Farine 3 1/2 kg. /Levure 1/2 cuillerée /Eau 1 1/2 l. /Huile 4 cuillerées /Sucre 4 cuillerées /Sel 2 cuillerées

Préparation

Délayer la levure dans une cuillerée d'eau, incorporez-la au reste de l'eau froide; mélangez bien. Ajoutez 1 1/2 kg de farine et battez jusqu'à obtention d'une crême. Couvrez, s'il faut très froid recouvrez d'un torchon et laissez reposer pendant au moins 6 heures. Ce temps passé, ajoutez au mélange le sel, le sucre et l'huile; remuez et mélangez, incorporez le reste de la farine, en mettant de côté 100 g pour saupoudrer. Mélangez jusqu'à obtention d'une pâte molle. Mettez-la sur une table, saupoudrez de farine et pétrissez pendant 10 minutes pour obtenir une pâte bien élastique. Disposez-la sur un gran plat beurré et couvert. Laissez lever pendant environ deux heures. Pétrissez à nouveau, retournez la pâte, laissez lever encore 1/2 heure. Répéter le procédé. Prenez la pâte et mettez-la à nouveau sur la table fariné. Pétrissez encore un peu et commencez a façonner les pains; disposez-les dans des moules huilés et faites cuire au four pendant 15 à 20 minutes. Lorsque les pains sont dorés, retirez-les.

Homespun bread (special for cold weather)

Ingredients

Water 1 1/2 lt. /Yeast 1/2 spoonful /Salt 2 spoonfuls /Oil 4 spoonfuls /Flour 3 1/2 kg.

Preparation

Dissolve the yeast in a water spoonful, form a cream, then add the rest of the cold water, mix well add 1/2 kg of flour and beat it until a mixture is formed. Let it rest, in case cover with a cloth , at least for 6 six hours.
Past this time, add the salt, sugar and oil to the mixture, go on mixing until a soft dough is formed. Put it on the table powder with flour, knead for some ten minutes until a very elastic consistence is got. Then put the dough on a big oiled and covered dish, (yeast effect) it takes at least a pair of hours, past this time knead again, give back the dough, let it rest a little more, past 1/2 hour repeat the process a little more.
Begin to give form the breads, put them in oiled molds and bake. Take the mixture and put it again on a floured table, knead them in the oven for almost 15 or 20 minutes. Then remove from the oven when breads are browned.

Asado

Existen variedades, depende del lugar, del asador y de la carne. Enunciamos los más comunes que hemos encontrado en el sur del país:

1) Parrilla de campo
Consta de una estructura de hierro, generalmente rectangular, y posee un enrejado de alambre o hierros menores donde se apoya la carne.
Puede no tener patas, por lo que se la apoya en piedras ubicadas al momento de asar.

2) Parrilla mixta de campo
Consta de la misma estructura que la anterior pero generalmente tiene patas de hierro y un cuarto de su tamaño es de un enrejado más pequeño, destinado a asar achuras o piezas pequeñas y evitar que las mismas caigan al fuego.

3) Parrilla de material
Consta de una estructura de ladrillos y cemento cubierta en su interior por cerámica refractaria, la que permite retener más el calor; la parrilla propiamente dicha, o sea el hierro, es más pesado, observándose en muchos casos manivelas para su acercamiento o alejamiento de las brasas.

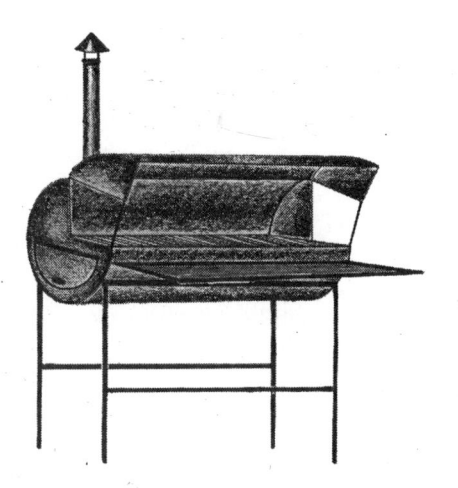

4) Chulengo
Es sin lugar a dudas el más encontrado en el sur Argentino, es un tanque de 200 lts. cortado a la mitad, el cual está provisto de cuatro patas de hierro soldadas, una chimenea, y en el corte posee un par de bisagras, así una de las partes hace de tapa con manija, la que nos va a permitir abrir y colocar la leña, y sobre ella la parrilla tradicional, la cual se sustentará de los soportes soldados en los dos extremos interiores del tanque.

Tiene muchas ventajas: es trasladable, se le puede colocar ruedas, bajo costo de fabricación, retiene mucho el calor aunque esten soplando fuertes vientos o lluvia.

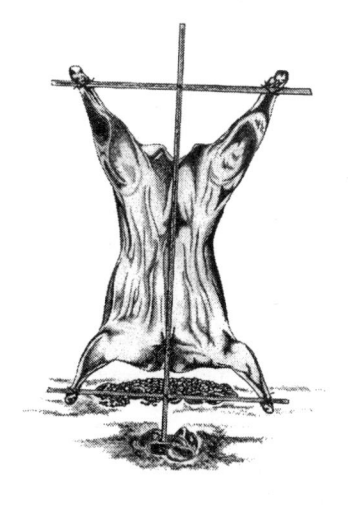

5) A la cruz

Se utiliza mucho para animales enteros, por ejemplo cordero, chivito, lechones o bien costillares. Consta de un hierro o dos colocados en forma vertical y otros dos en posición de doble cruz, de esta manera se puede sujetar muy bien la carne a asar; su cocción es muy lenta debido al porte del animal y por sobre todo, a los dichos de sus especialistas «cuanto más despacito se efectúe el desgrasado y cocción de la carne,es más tierna y sabrosa»

El mismo se puede diferenciar en dos partes
1° a la llama: el cual se asa con las llamas de la leña que se va incorporando, debiendo estar la misma a una distancia adecuada.

2° a las brasas
Se asa con las brasas de la leña utilizada debiendo al principio colocarla más distante para darle calor primeramente a la parte superior de la cruz y luego ir hacia el centro, logrando de esta manera una cocción pareja.

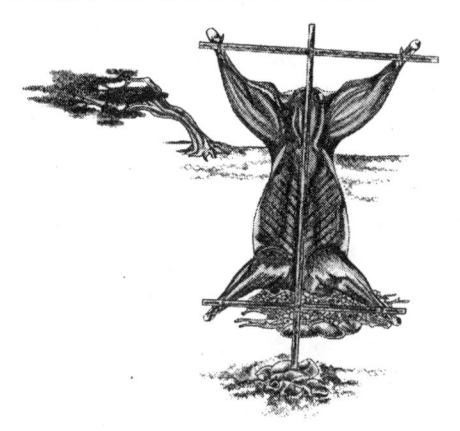

6) A la chapa
Se utiliza en animales enteros y difíciles de dar vuelta para una cocción uniforme, con este método el fuego proviene de arriba y de abajo de la carne elegida.
Recomendación: debe utilizarse siempre chapa limpia y libre de pinturas, debido a que sobre ella deberá disponerse un segundo fuego o bien colocar brasas del fuego principal y mantener caliente hasta lograr la cocción deseada.
«En todos los casos y consejo de expertos, jamás deberá faltar un buen vino»...
Para el asador.

Rôti

Il y a plusieurs façons de le préparer; ça dépend de l'endroit, du rôtisseur et de la viande. On peut énoncer les plus courant qu'on a trouvés au Sud.

Gril de campagne. Se compose d'une structure en fer, rectangulaire dans la plupart des cas, et possède aussi un grillage sur lequel on dispose la viande. Cegril peut ne pas avoir des pattes; c'est pour cela qu'on l'appuie sur des pierres.

Gril mixte de campagne. Se compose de la même structure que le gril de campagne, mais c'est plus petit, et possède des pattes. Le grillage aussi est plus petit; on l'emploie pour y rôtir des abats ou de petites pièces.

Gril en maçonnerie. Se compose d'une structure en briques et ciment, récouverte à l'intérieur par une couche de céramique réfractaire. Le gril proprement dit est en fer, et il y a des manivelles pour l'approcher et l'éloigner des braises.

Chulengo. C'est sans doute le plus courant au Sud argentin. Se compose d'une citerne de 200 litres, à la quelle on soude quatre puttes en fer et une cheminée. On la coupe au quart de sa longueur pour y mettre des charnières et en faire un couvercle, qui permettra ouvrir l'appareil, y mettre le bois et disposer par-dessus la structure en fer du gril traditionnel. Celle-ci s'appuie sur les supports soudés au-dessus de la citerne. Le chulengo a beaucoup d'avantages: il est portable (on l'ajoute parfois des roulettes), son coût de fabrication est très bas et il conserve très bien la chaleur, en dépit des vents et de la pluie.

À la croix. On l'utilise beaucoup pour rôtir des animaux tout entiers: agneaux, chevreaux, cochons de lait, et même des flancs de vache tout entiers. Se composed'un assemblage de trois barres de fer, l'une verticale, qu'on enfonce dans la terre, et qui est traversée en haut et en bas par chacune des autres. On y peut accrocher très bien la viande à rôtir; la cuisson est très lente à cause de la grandeur de l'animal et surtout au fait que la viande sera d'autant plus tendre et savoureuse que le dégraissage et la cuisson se feront plus lentement. La cuisson peut s'accomplir de deux façons:
à la flamme. Comme son nom l'indique, on expose la viande à la chaleur des flammes du bois qu'on doit placer à la distance appropriée.
Aux braises. Comme son nom l'indique aussi, on expose la viande à la chaleur des braises du bois qu'on doit placer d'abord au loin pour chauffer la partie supérieure de la croix, en l'approchant après vers le centre pour obtenir une cuisson uniforme.

À la tôle. On l'emploie pour rôtir des animaux tout entiers et difficiles à retourner. Avec cette méthode, le fèu est au-dessus et au-dessous de la viande choisie. On doit employer une tole nettoyée et pas peinte, puisqu'on mettra des braises par-dessus.

Dans tous les cas, et d'après le conseil des spécialistes, ce qui ne devra manquer jamais c'est du bon vin... pour le rôtisseur.

Roasts

There are varieties depending on the place, the grill and the meat. We show the most common that we have found in the south of the country:

1) Field grill: it consists of an iron structure, generally rectangular, and it possesses a wire grate or smaller irons where the meat is laid on.
It cannot have legs, for what it is laid on stones placed at the moment of roasting.

2) Mixed grill of field: it consists of the same structure that the previous one but it generally has iron legs and a fourth of its size. It is of a smaller grating, appointed to roast entrails or small pieces and to avoid that the same ones fall to the fire.

3) Masonry grill: it consists of a structure of bricks and cement covered innerly by refractory ceramics, that allows to retain most of the heat; what is properly called the grill, that is to say the iron, is heavier, being in many cases observed cranks for its approach or separation from the embers.

4) Chulengo: it is doubtless the most found in the Argentine south, it is a 200 lts. tank cut in half, which is provided with four welded iron legs, a chimney, and in the cut it has a couple of hinges, so one of the parts makes of cover with handle, the one that will allow us to open up and to place the firewood, and over it the traditional grill, which will be sustained from the welded supports upon the two interior ends of the tank.
It has many advantages: it is movable, wheels can be placed under, low cost of manufacturing, retains a lot of heat although rain or strong winds be blowing.

5) To the cross: it is used a lot for whole animals, for example lamb, kid, suckling pigs or short ribs. It consists of an iron or two vertically placed and other two in double cross position, in this way the meat to be roasted can be very well held on, their cooking is very slow due to the size of the animal and above all, to the statements of their specialists "the more slowly fat melts and meat cooks, the more tender and tasty"
This one can differ in two parts
1- to the flame: which is roasted with the flames of the firewood that is being added, should be at an appropriate distance.
2- to the embers: it is roasted with the embers of the used firewood, owing at the beginning to place it more distant to give heat firstly to the upper part of the cross and then going toward the center, achieving an even cooking in this way.

6) to the iron sheet: it is a used in whole animals difficult to turn on for an uniform cooking, with this method the fire comes from up and downwards of the chosen meat. Recommendation: it should always be used clean sheets free from paintings, due to a second fire must be prepared over it or to place embers of the main fire and to maintain the heat until achieving the wanted cooking.

"In all the cases and experts's advice, it will never lack a good wine".... for the roaster.

Salsas muy comunes

Chimichurri

Ingredientes

Ajo 1
Ají picante bien molido (mortero) 1
Perejil picado 10 grs.
Laurel picado (mortero) 1 hoja
Aceite 1 copa
Vinagre 1/2 copa
Sal, pimienta y pimentón a gusto

Preparación

En un recipiente, colocar todos los ingredientes, molidos y picados, incorporar el aceite y el vinagre, salpimentar a gusto, calentar hasta el primer hervor, dejar enfriar, embotellar y guardar en la heladera.

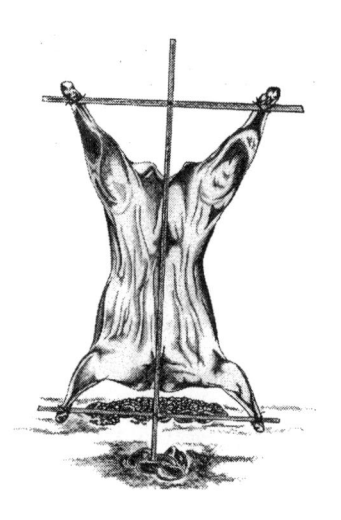

Salsa común para carnes

Ingredientes

Morrón rojo 1
Ajo 1 cabeza
Cebolla grande 1
Tomate maduro 1
Aceite y vinagre
Perejil, oregano, pimenton sal y pimienta a gusto

Preparación

Se lavan y se hierven los ajos, el morrón, el tomate y la cebolla hasta lograr que se tiernicen. Posteriormente se le saca la piel al tomate y al morrón, se incorpora todo en una licuadora y se les agregan todos los condimentos de a poco, (ir probando) por último se agrega el aceite y el vinagre en cantidades iguales y necesarias para cubrir un frasco de 350 cc. Dejar macerar 24 hs. antes de consumir. Guardar en botellas.

Sauces très courantes
Chimichurri

Ingrédients

Tête d'ail haché 1 /Piment moulu au mortier avec un pilon 1 / Persil haché 10 g. /Feuille de laurier hachée au mortier /Huile 1 verre /Vinaigre 1/2 verre /Poivron rouge en poudre /Sel, poivre

Préparation

Mettez tous les ingrédients dans un récipient, arrosez avec l'huile et le vinaigre, salez et poivrez à votre goût. Portez à ébullition. Retirez du feu et laissez refroidir. Versez la sauce dans une bouteille et gardez au réfrigerateur.

Sauce courante pour viandes

Ingrédients

Poivron rouge 1 /Gros oignon 1 / Tomate mûre 1 /Tête d'ail 1 / Huile, vinaigre, persil, origan /Poivron rouge en poudre /Sel, poivre

Préparation

Épluchez l'ail et l'oignon, faites-les cuire à l'eau avec le poivron rouge et la tomate bien lavés, jusqu'à ce que le tout soit tendre. Puis épluchez la tomate et le poivron et passez-les ay mixeur avec l'ail et l'oignon. Incorporez les condiments petit à petit; vérifiez l'assai sonnement en goûtant. Ajoutez de l'huile et du vinaigre en quantités égales et nécessaires pour couvrir un flacon de 350 cc. Laissez macerer 24 heures avant de consomer. Conservez dans des bouteilles.

Very common sauces
*Chimichurri

Ingredients

Garlic one head 1 /Well ground piquant chili (mortar) /Minced parsley 10 grs. / Minced bay leaf (mortar) /Oil one glass /Vinegar 1/2 glass / Salt, pepper and paprika to taste

Preparation

Put all the ground and minced ingredients into a bowl, then incorporate the oil and the vinegar, season to taste, heat until the first boiling, let it cool, and place into a bottle and keep in refrigerator.

*Regional Sauce

Common sauce for meats

Ingredients

Sweet red pepper 1 /Garlic one head / Big onion 1 /Mature tomato 1 /Parsley, oregano, paprika, salt and pepper to taste /Oil and vinegar

Preparation

Wash and boil the garlics, the red pepper, the tomato, the onion until it is tender, then take the skin of the tomato and the red pepper out, incorporate all in a juice extractor, add all the species little by little, go on proving, and at the end add oil and vinegar in equal quantities to cover a flask of 350 cc. Let it soak 24 hours, before consuming. keep in bottles.

Tortas fritas

Nota: son sin lugar a dudas un complemento ideal para acompañar el mate, se deben realizar en el momento y se comen calientes. Existen tantas variedades que sería imposible poder enumerarlas a todas, pero de igual manera les comentaremos la formula más conocida para su confección.

Ingredientes

Harina común 4 tazas
Azúcar cantidad necesaria
Huevo batido 1
Agua cantidad necesaria
Grasa de cerdo 200 grs.
Sal a gusto

Preparación

La idea es formar una masa blanda, por lo tanto comenzar por mezclar bien la harina, la grasa y la sal. Posteriormente añadir el huevo batido, agregando un par de cucharaditas de agua hasta lograr la masa deseada: blanda y lisa, sin poros. Dejar reposar la masa durante 40 minutos, luego estirar con palo tratando que quede de un espesor de 1/2 cm. Cortar de la forma deseada y freír en grasa bien caliente. Deben quedar doradas (no mucho) y tiernas, espolvorear con azúcar una vez retiradas de la sartén y comer.

Pastelitos

Nota: es también, como las tortas fritas, un elegido para acompañar el mate especialmente en los días de lluvia.

El tipo de masa es igual que la de la torta frita, sólo que aquí se cortan en cuadraditos para cada pastelito y se trata de que el espesor de la masa sea más fina. Una vez realizado los cuadraditos de masa de unos 8 cm. de lado, en uno de ellos se pondrá un trozo de dulce de membrillo o de batata y se cubrirá con otro, haciendo que no coincidan las puntas de ambos cuadrados para formar una estrella de ocho puntas. Luego con ambas manos juntar los 4 extremos, en dos movimientos.
Freír en grasa bien caliente, dorar. Espolvorear con azúcar o con almíbar y comer.

Tortas fritas

Il s'agit du complément idéal pour accompagner le mate. Il faut les préparer sur le moment ets les manger chaudes. Il y en a tant de variétés qu'il serait impossible de les décrire toutes; on vous en donne la recette la plus connue.

Ingrédients
Tasses de farine ordinaire 4 /Oeuf battu 1 / Eau (quantité suffisante) /Saindoux 200 g. / Sucre (quantité suffisante) /Sel

Préparation
Il faut faire une pâte molle. Commencez par bien mélanger la farine, le saindoux et le sel, puis ajoutez l'oeuf battu et deux cuillerées à thé d'eau. Travaillez jusqu'à obtention d'une pâte molle et lisse, sans pores. Laissez reposer pendant 40 minutes environ, après, étalez au rouleau pour obtenir une épaisseur de 1/2 cm. Découpez la pâte en disques et faites-les frire au saindoux bien chaud jusqu'à ce qu'ils soient dorés, mais pas trop, et tendres. Retirez de la poêle et saupoudrez de sucre.

Fried cakes

Note: the fried cakes are undoubtedly an ideal complement to accompany the "mate" (typical argentine infusion) they should be prepared in the moment and are eaten still hot. There are so many types that it should be almost impossible to describe them all, but the following is the most known formulate to make them.

Ingredients
Common flour 4 cups /Beaten egg 1 /Water, necessary quantity /Pork fat 200 grs. /Salt to taste /Sugar necessary quantity

Preparation
Begin by mixing well the flour, the fat and the salt, the idea is to get a tender pastry. Then add the beaten egg, adding a pair of water teaspoonfuls, until the desired mixture is ready, (smoothy and without pores). Let the pastry rest some 40 minutes, then stretch with a knead stick, until a 1/2 cm thickness is ready. Cut in the wished form, can be small circles and begin to fry them in a very hot pork fat. They should look browned a little, but not very much. Powder with sugar and serve them.

Pastelitos

Comme les tortas fritas, les pastelitos sont choisis pour accompagner le mate, sur tout les jours de pluie. On emploie la même pâte, mais l'épaisseur est plus fine, et on la découpe en carrés d'environ 8 cm de côté. Après les avoir découpés, mettez sur la moitié d'entre eux de la pâte de coing ou de patate douce, recouvrez-les avec les autres. Ne faites pas coïncider les pointes, il faut former une étoile d'huit pointes (l'étoile fédérale). Avec les deux mains, faites foindre les quatre extrèmes en deux mouvements.
Faites frire au saindoux bien chaud, jusqu'à ce que les pasteles soient dorés. Saupoudrez de sucre ou badigeonnez de sirop.

Pastelitos (Small sweet pies)

Note: as the fried cakes, these small sweet pies are frecuently eaten while the "mate" is drunk, specially in rainy days. The type of mixture is also just as that of the fried cakes, except that the small discs are cut in little squares, and the pastry thickness should be thinner. Once the small mixture squares of some 8 cm of each side are cut, put on each one a little piece of quince or sweet potato gelly, and cover with other square pastry trying that the both squares tops do not coincide and an eight star tops beformed. Then, with both hands assemble the four extremes, in two movements. Fry them in very hot pork fat. They shoud look light brown. Powder with sugar or syrup. Serve.

Indice

A modo de Prólogo	7

Provincia de La Pampa

Carre de cerdo con salsa de ciruelas	12
Chorizos pampeanos caseros	14
Locro	16
Morcilla casera salada	18
Pollo al barro	20
Puchero	22
Salame casero de cerdo	24
Galletitas de miel y algarrobo	26
Ciervo Chaseur	28

Provincia de Neuquén

Pencas de acelga en escabeche	32
Queso de pata	34
Charqui de ciervo	36
Vino casero de rosa mosqueta	38
Dulce de rosa mosqueta	40
Añolotis de trucha y verdura	42
Pejerreyes fritos con salsa de limón	44
Jamón crudo andino	46
Jamón crudo "De la Montaña"	48
Fondue de queso andina	50
Ciervo a la Cazadora	52
Empanadas de humita	54
Humitas en chala asadas	56
Goulash de ciervo y jabalí	58

Provincia de Río Negro

Trucha rellena	62
Salsa de frambuesas agridulce	64
Lomo de ciervo a la crema	66
Lomo de ciervo o cerdo a la montaña	68
Croquetas de trucha	70
Dulce de sauco	72
Strudel de manzanas	74
Jabalí con salsa de frambuesas	76
Paté de ciervo	78
Trucha a la Bohemia	80
Hongos en escabeche	82
Pan de zarzamora	84

Provincia de Chubut

Arrollado de queso con mejillones	88
Macarrones al horno con salsa de mejillones	90
Pulpos con ajos al coñac	92
Riñones de cordero al vino blanco	94
Torta Negra Galesa	96
Arroz con mariscos	98
Salmón a la plancha	100
Licor de Calafate	102
Camarones al ajillo	104
Mejillones a la provenzal	106
Lenguado con salsa de camarones	108
Vieyras Gratinadas	110

Provincia de Santa Cruz

Bolitas de trucha y acelga vino blanco	114
Dulce de calafate	116
Liebre a la mostaza	118
Niños envueltos de cordero	120
Piernita de capón con sidra	122
Pate de salmón	124
Chuletas de cordero con salsa de cebolla	126
Guindado	128

Provincia de Tierra del Fuego

Empanada chilena en tierra del fuego	132
Liebre o conejo a la crema de chocolate	134
Pate de róbalo	136
Compota de frutillas	138
Salsa de hongos Bejin	140
Sopa crema de papas	142
Sopa de hongos	144
Hongos silvestres en milanesa	146
Conejo al romero	148
Cordero con luche a la olla	150
Recetas con cholgas y buen humor	152
Variante con cholgas ya peladas	154
Sardinas rellenas	156
Cazuela de róbalo a la crema	158
Conejo al disco	160
Conejo al escabeche	162
Empanadas de cordero o capón	164
Empanadas de maucho	166
Guiso de cordero	168
Pate de centolla	170
Pierna de cordero con panceta	172
Róbalo marinado con albahaca	174
Róbalo al natural	176
Dulce de pan de indio	178
Pancito "La Unión"	180
Cordero Austral	182
Rabas a la crema de whisky	184
Trucha rellena con centolla	186
Lasagna negra "Les esclaireurs" en salsa de langostinos	190
Trucha de la región rellena con salsa Costamarfil	194
Trucha rellena	196
Trucha rellena con manteca y almendras	198
Centolla fueguina	200
Merluza negra a la "Tía Elvira"	202
Estrudel de la "Tía Elvira"	204

Delicias Regionales

Comidas que salvan vidas	208
El Mate	210
Pan casero	214
Asados	216
Salsas muy comunes	220
Tortas fritas y Pastelitos	222
	223

Indice

En guise de prologue	9

Province de La Pampa

Carré de porc aux pruneaux	13
Chorizos pampéens	15
Locro	17
Boudin salé	19
Poulet à la boue	21
Pot au feu	23
Salami de porc	25
Biscuits au miel et au caroube	27
Cerf chasseur	29

Province du Neuquén

Tiges de bettes en escabeche	33
Pattes en gelée	35
Charqui de cerf	37
Vin de rosa mosqueta (fruit région)	39
Confiture rosa mosqueta (fruit région)	41
Agnolotis de truite et légumes	43
Pejerreyes sauce citron	45
Jambon des Andes aux oeufs	47
Jambon "De la Montaña"	49
Fondue andine	51
Cerf à la cazadora	53
Empanadas de humita	55
Humitas en chala	57
Goulash de cerf et sanglier	59

Province du Río Negro

Truite farcie	63
Sauce aux framboises	65
Filet de cerf à la crême	67
Filet de cerf (ou porc) à la montagne	69
Boulettes de truite	71
Confiture de baies de sureau	73
Strudel aux pommes	75
Sanglier aux framboises	77
Paté de cerf	79
Truite à la Bohème	81
Champignons en escabeche	83
Pain au zarzamora (mûre sauvage)	85

Province du Chubut

Roulade de fromage aux moules	89
Macaroni sauce aux moules	91
Poulpe au cognac	93
Rognons d'agneau au vin blanc	95
Gâteau noir gallois	97
Riz aux coquillages	99
Saumon grillé	101
Liqueur de calafate (fruit de la région)	103
Crevettes à l'ail	105
Moules a la provençale	107
Sole aux crevettes	109
Gratin de coquilles Saint-Jacques	111

Province de Santa Cruz

Boulettes de truite et bettes	115
Confiture de calafate (fruit région)	117
Lapin a la moutarde	119
Paupiettes d'agneau	121
Gigot d'agneau au cidre	123
Paté de saumon	125
Côtes d'agneau à l'oignon	127
Guindado (liqueur de cerises)	129

Province de Tierra del Fuego

Empanada chilienne	133
Lièvre ou lapin au chocolat	135
Paté de bar	137
Compote de fraises	139
Sauce de champignons Bejin	141
Potage aux pommes de terre	143
Potage aux champignons	145
Champignons panés	147
Lapin au romarinn	149
Agneau au luche	151
Recettes avec cholgas	153
Variations avec cholgas décortiquées	155
Sardines farcies	157
Bar a la crème	159
Lapin au disque	161
Lapin à l'escabeche	163
Empanadas d'agneau	165
Empanadas de maucho	167
Ragoût d'agneau	169
Paté d'araignée de mern	171
Gigot d'agneau au lard	173
Bar mariné au basilic	175
Bar au naturel	177
Confiture de "pan de indio"	179
Petit pain "La Unión"	181
Agneau austral	183
Rabas au whisky	185
Truite farcie à l'araignée de mer	187
Lasagna noir "Les Eclaireurs"	190
Truite farcie Côte d'Ivoire	194
Truite farcie	197
Truite farcie aux amandes	199
Araignée de mer fuégienne	201
Merlu noir à la "Tía Elvira"	203
Strudel "Tía Elvira"	205

Délices régionales

Repas qui sauvent vies	209
Le mate	212
Pain maison	215
Rôti	218
Sauces très courantes	221
Tortas fritas et Pastelitos	223

Index

To Foreword manner 9

Province of La Pampa
Pig Carré with sauce of plums 13
Pampean homemade chorizos 15
Locro 17
Salted homemade morcilla 19
Chicken to the mud 21
Stew 23
Pig homemade salami 25
Cookies of honey and algarrobo 27
Chasseur deer 29

Province of Neuquén
Chards stalks in escabeche 33
Leg cheese 35
Deer Charqui 37
Homemade mosqueta rose wine 39
Mosqueta rose preserves 41
Trout and vegetable Añolotis 43
Fried pejerreyes with lemon sauce 45
Andean crude ham 47
Crude ham "De la Montaña" 49
Fondue of Andean cheese 51
Deer to the Huntress 53
Breaded of *humita 55
Humitas in *Chala roasted 57
Goulash of deer and boar 59

Province of Rio Negro
Trouts fills 63
Bitter sweet raspberries sauce 65
Deer loin to the cream 67
Deer or porc loin to the mountain 69
Croquettes of trout 71
Sweet of sauco 73
Strudel of apples 75
Boar wilh raspberries sauce 77
Pate of deer 79
Trout to the Bohemian 81
Fungi in pickle 83
Blackberry bread 85

Province of Chubut
Jelly roll of cheese with mussels 89
Macarronis to the oven mussels sauce 91
Octopuses with garlic to the brandy 93
Lamb kidneys to the white wine 95
Welsh Black Cake 97
Rice with seafood 99
Salmon grille 101
Caulker liquor 103
Shrimps with garlic 105
Mussels to thé provençal 107
Sole with shrimps sauce 109
Vieyras Gratinadas 111

Province of Santa Cruz
Small balls of trout and chard 115
Sweet of caulker 117
Rabbit to the mustard 119
Lamb rolls 121
Small leg of gelding with cider 123
Pate of salmon 125
Lamb chops with onion sauce 127
Sour cherry liquor 129

Province of Tierra del Fuego
Breaded Chilean in Tierra del Fuego 133
Hare or rabbit to the chocolate cream 135
Pate of róbalo 137
Compote of strawberry 139
Fungi sauce Begin 141
Soup potatoes cream 143
Fungi soup 145
Wild fungi in breadcrumbs 147
Rabbit to the rosemary 149
Lamb with luche to the pot 151
Recipes with cholgas & good humor 153
Varying with cholgas already bald 155
Sardines you fill 157
Casserole of róbalo to the cream 159
Rabbit to the disk 161
Rabbit to the pickle 163
Breaded of lamb or castrated 165
Breaded of maucho 167
Lamb stew 169
Pate of spider crab 171
Lamb leg with bacon 173
Róbalo marinate with basil 175
Róbalo to the natural 177
Sweet of Indian bread 179
Small bread "The Union" 181
Fueguine lamb 183
Rabas to the cream of whisky 185
Trout fills with spider crab 187
Black Lasagna "Les Esclaireurs" 191
Trout of the region fills 195
Trout fills 197
Trout fills with lard and almonds 199
Fueguin spider crab 201
Black hake to the "Tía Elvira" 203
Strudel of the "Tía Elvira" 205

Regionals delights
Foads that save lives 209
The mate 213
Homespun bread 215
Roast 219
Very common sauces 221
Fried cakes and Pastelitos 223

LA COCINA DEL FIN DEL MUNDO
Patagonia y Tierra del Fuego

Se terminó de imprimir en el mes de agosto de 2003
en los Talleres Gráficos de Imprenta Editorial Amalevi
Mendoza 1851/53 - Tel./Fax: (0341) 4242293
E-mail: amalevi@citynet.net.ar
2000 Rosario - Santa Fe - República Argentina